Religionsbuch
7/8

Herausgegeben von

Ulrike Baumann
und
Michael Wermke

Erarbeitet von

Ulrike Baumann
Bernhard Böttge
Udo Marenbach
Hans Jürgen Rundnagel
Margret Schoenborn
Anita Schröder-Klein
und
Michael Wermke

Cornelsen

Religionsbuch 7/8

Redaktion: Joachim Siebert, Hannover
Gestaltung und technische Umsetzung: Jesse Konzept und Text, Hannover

Cornelsen online http://www.cornelsen.de

1. Auflage 2001 € Druck 4 3 2 1 Jahr 04 03 02 01

Alle Drucke dieser Auflage sind inhaltlich unverändert und können im Unterricht nebeneinander verwendet werden.

Druck: CS-Druck Cornelsen Stürtz, Berlin

ISBN 3-464-14038-5

Bestellnummer 140385

Gedruckt auf säurefreiem Papier,
umweltschonend hergestellt aus chlorfrei gebleichten Faserstoffen.

Inhaltsverzeichnis

SPART NICHT
AN UNSERER
ZUKUNFT

DIE PLÄTZE DER STADT
SOLLEN VOLL SEIN
VON KNABEN
UND MÄDCHEN,
DIE DORT SPIELEN.
Sacharja 8,5

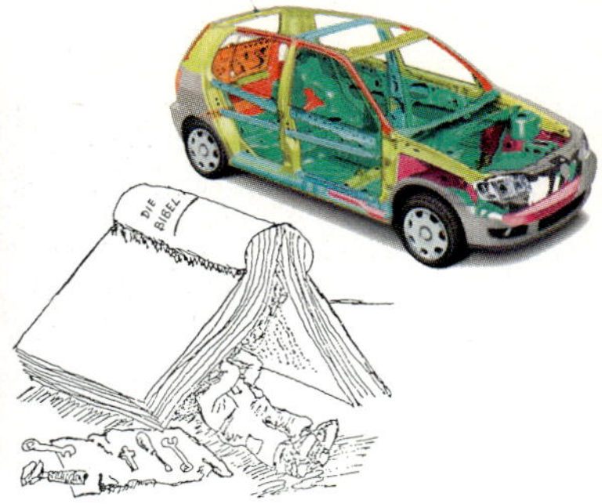

Fragen, Wahrnehmen, Erkennen

Das möcht' ich wissen

Mutter, sag doch: Gott, der Herr,
– Ich möcht es wissen, das ist so schwer –
Ist er ein Geist, eine Pflanze, ein Tier?
Ist er ein König und spielt er Klavier?

Mutter, sag doch, ich möchte, ich will
Endlich wissen: Warum ist Gott so still?
Spricht er nur in der Bibel, diesem Buch?
Kommt er nie zu uns zu Besuch?

Mutter, sag doch: Wohnt Gott im Himmel?
Ist dort ein schreckliches Engel-Gewimmel?
Hat er ein Haus, ein Bett und ein Kissen?
Muss er auch essen? Das möcht ich wissen!

Mutter, sag doch: Was macht Gott heute?
Kennt er wirklich alle Leute?
Ich möchte wissen: Sieht er durch Wände?
Hat er Augen und Ohren, hat er Hände?

Mutter, sag doch: Bringt Gott den Frieden?
Warum streiten sich die Menschen da drüben?
Macht dieser Gott denn wirklich auch Brot?
Sag, Mutter: Ist dieser Gott nie tot?

Regine Schindler

- In diesem Gedicht nimmt die Autorin Fragen von Kindern auf. Verlängert das Gedicht mit eigenen Fragen.

Christoph: Gott hält die Welt in seiner Hand

Benjamin: Das orange Teil ist sein Sprachrohr zur Welt

Daniela: Er erscheint mir so im Traum

Felix: Gott ist ein Licht, ohne Sonne kein Leben

- Schülerinnen und Schüler eures Alters haben eine bildnerische Antwort auf Fragen des Gedichts gegeben: Welches Bild leuchtet euch am ehesten ein? Begründet eure Wahl.

Stufen des Erkennens

Timm Ulrichs, 1970

- Sieh dir das Bild genau an.

Dieses Mosaik ist etwa 1800 Jahre alt und stammt aus Arles in Südfrankreich

Wie wir erkennen

- Hast du das Rind auf Seite 8 als Bulle oder Stier erkannt? (Sieh noch einmal hin: Es ist keine Kuh!)
- Hast du die schwarze Fleckung identifiziert?
- Was mag der Künstler sich dabei gedacht haben, als er diese Landkarte auf dem Stier erscheinen ließ?

Um darüber etwas sagen zu können, muss man eine bestimmte Sage aus der Antike kennen. Sie handelt von Zeus, dem höchsten Gott der Griechen, und einem Mädchen:

Der König Phoinix hatte eine Tochter namens Europe. Dieser Name bedeutet „die mit den weiten Augen“, und ihr Gesicht, aber auch ihre Gestalt waren von so großer Schönheit, dass sich der mächtige Zeus in sie verliebte. Um sich ihr zu nähern, verwandelte er sich in einen weißen Stier und begegnete ihr, als sie nahe dem Meer Blumen pflückte. Es gelang ihm, durch seine geschmeidigen Bewegungen und sein prächtiges Aussehen die junge Königstochter so zu bezaubern, dass sie sich auf seinen Rücken setzte, um auf ihm zu reiten. Schnell stürzte sich der Stier in die Fluten des Meeres und entführte Europe auf die Insel Kreta. Dort gebar sie dem Gott einen Sohn, den Minos, der später König von Kreta wurde.

Wir können feststellen:

- Wer das Rind als Stier erkannte, hat Recht.
- Wer in den Flecken auf dem Fell Europa wahrnahm, hat auch Recht.
- Recht hat auch, wer die Sage von Europe und Zeus kannte und damit eine weitere Deutung des Werkes geben konnte.

Mehrere Betrachter nehmen also das Bild richtig, zugleich aber unterschiedlich intensiv und umfassend wahr. Wir können von unterschiedlichen Stufen des Erkennens sprechen.

- Durch welche Merkmale unterscheiden sich die Stufen des Erkennens? Wovon hängt es ab, dass jemand eine weitere Erkenntnisstufe erreicht?
- Nenne Beispiele für solche Stufen aus anderen Gebieten: Welche hast du bereits bewältigt, welche würdest du gern erreichen?
- Beschreibe deine Gedanken, wenn du dir Gott vorstellen willst. Gibt es dabei ähnliche Stufen wie bei der Erfassung des Europabildes?

5 Gott hat der Sonne ein Zelt am Himmel gemacht.

7 Sie geht auf an einem Ende des Himmels und läuft um bis wieder an sein Ende, und nichts bleibt vor ihrer Glut verborgen.

8 Das Gesetz des HERRN ist vollkommen und erquickt die Seele.

Psalm 19,5,7,8

In der Bibel gibt es eine Sammlung von 150 Psalmen. Das sind Lieder, in denen die Menschen ihren Dank, ihre Klagen und Bitten Gott vortragen.

Möglichkeiten des Wahrnehmens

Ihn sehen

„Man guckt jemanden an, wenn man mit ihm spricht", sagte Anne unwillig. „Ich will sehen, ob er nickt oder den Kopf schüttelt oder mich anlacht." „Recht so – und warum tust du es nicht?", fragte ihr Opa freundlich. „Es ist Gott", erwiderte Anne traurig, „er lässt sich nicht sehen. Ich weiß ja noch nicht einmal, ob er überhaupt da ist."

Der Großvater schwieg. Er musste eine ganze Weile nachdenken. „Komm, lass uns ein paar Schritte gehen", sagte er schließlich.

Es war ein wunderschöner Frühlingstag. Die Wärme der Sonnenstrahlen ließ die jungen Pflanzen aus der Erde sprießen, und das Licht gab ihnen ihr Grün. Anne wurde immer fröhlicher – wie die meisten Menschen, denen sie begegneten. Was das Wetter doch ausmacht! Auf einer kleinen Brücke blieben sie stehen und sahen in die Wellen und Strömungswirbel eines Baches, und es blitzte und funkelte zu ihnen herauf, so dass sie die Bewegungen der kleinen Forellen kaum verfolgen konnten.

„Die Sonne", sagte ihr Opa, und Anne folgte mit ihren Blicken seiner Hand, die gerade auf den Himmel wies. Doch musste sie geblendet die Augen schließen.

„Schade, dass du sie nicht sehen kannst", murmelte der Großvater, „vielleicht taugen deine Augen nichts?"

Anne protestierte heftig: „Kein Mensch kann die Sonne so sehen, wie sie ist. Man kann sie eigentlich nur sehen, wenn man sie nicht richtig sehen kann." Ehe ihr Opa hier nachfragen konnte, sprudelte es aus ihr heraus: „Ich meine, beim Auf- und Untergang und bei Wolken und so. Und außerdem: Ich habe sie gesehen – im Bach, in den Pflanzen, und ich habe sie gespürt, die Wärme und in der Freundlichkeit der Menschen, die uns begegneten, in meiner guten Laune und ..."

Sie brach ab, weil ihr Großvater sie so nachdenklich ansah und langsam sagte: „Die Sonne kann man nicht sehen und doch sehen und sogar spüren. Und das liegt wohl daran, dass die Sonne so ist, wie sie ist, und wir so sind, wie wir sind. Aber wie ist das mit Gott?"

- Was könnte Anne auf die letzte Frage des Großvaters antworten? Überlegt dabei, inwiefern ihr die Erfahrungen mit der Sonne helfen können.
- Beschreibt eine Situation, in der ihr Gott gern sehen würdet. Wie könnte er euch begegnen?
- Es gibt manches, das wir selbst nicht sehen, aber wahrnehmen können. Wir wissen aber, dass es da ist – weil wir seine Wirkungen spüren.
  Könnt ihr diesen Satz mit Hilfe von Beispielen erklären? Versucht es, indem ihr „Liebe" für „manches" einsetzt.
- Ergäbe es auch einen Sinn, wenn man „Gott" für „manches" einsetzte?

Etwa im 14. Jahrhundert v. Chr. gibt es für die alten Ägypter nur noch einen Gott, den Sonnengott Aton. Als Schöpfer oder Schöpferin ist Aton Vater und Mutter zugleich, der Pharao versteht sich als Abbild des Göttlichen.
Aton selbst erscheint als Sonnenscheibe.
Er nimmt mit seinen Strahlenhänden Opfergaben entgegen und spendet zugleich Leben.
Dabei strömt Lebenskraft durch die Nase in den Menschen ein.

Rückenlehne vom Thronsessel des Königs Tutanchamun aus seinem Grab (um 1340 v. Chr). Holz, vergoldet, mit Einlagen aus farbigen Steinen und Glas. Das junge Königspaar wird von Gott Aton beschienen.

- Beschreibt die Szene des Bildes: Wie verhalten sich König und Königin zueinander? Was erfahrt ihr über den Gott Aton und sein Verhältnis zum königlichen Paar?
- Warum hat man später dieses Kunstwerk dem König mit ins Grab gegeben?
- Vergleicht: Welche Bedeutung hat die Sonne für die Ägypter, den Beter des 19. Psalms, für Anne und ihren Großvater?

[13] Ihr werdet mich suchen und finden;
denn wenn ihr mich von ganzem Herzen
suchen werdet,
[14] so will ich mich von euch finden lassen,
spricht der HERR.

Jeremia 29,13–14

Verborgen und offenbar

Moses Gottessuche

Mose hatte es mit seinen Leuten nicht leicht. Auf Gottes Aufforderung hin hatte er sein Volk aus Ägypten geführt, und oft dachte er an die göttliche Stimme, die ihn aus dem brennenden Dornbusch erreicht und ihm den schweren Auftrag erteilt hatte. Das war lange her, eine Zeit, in der Mose immer wieder gegen die Mutlosigkeit und Flucht seiner Gefährten von dem rettenden Gott kämpfen musste.

Mose suchte Gott immer wieder, abseits vom Lager. Und in der Einsamkeit von Sanddünen, Felsen, Wind, Sternen erfragte, erbat und erträumte er sich seinen Beistand. Es war ihm eine große Beruhigung, dass Gott mit ihm und dem Volk ziehen wollte. Das bedeutete Schutz, Hilfe und Hoffnung für die Zukunft. Und Mose dachte sich: „Unseren Herrn in seiner ganzen Großartigkeit möchte ich sehen. Und wenn ich ihm in die Augen schaute, wie etwa meinem Bruder Aaron, dann wäre ich ihm näher als je ein Mensch zuvor.“ Und er bat Gott: „Bitte, ich möchte dich in deiner ganzen Größe und Herrlichkeit sehen.“

Gott antwortete ihm: „Ich will, dass du meine Freundlichkeit und Zuneigung erfährst. Ich werde an dir vorüberziehen, du wirst meinen Namen hören und spüren, was er bedeutet: Ich-werde-dir-nahe-sein. Mein Gesicht aber muss dir verborgen bleiben, denn eine Begegnung von Angesicht zu Angesicht kann niemand aushalten und lebend überstehen. Hier auf dem Felsen kannst du neben mir sein.

Wenn aber meine Nähe übergewaltig wird, werde ich dich in einem Felsspalt bergen und meine Hand schützend über dir halten. Und wenn ich vorübergezogen bin und meine Hand weggenommen habe, kannst du mir nachschauen.“

Und Mose erlebte es so. Er sah genug von Gott, mehr als er sich je erhofft hatte, als er ihm hinterhersah. Beim jahrelangen Zug durch die Wüste behielt er diesen Blick: Er hielt Ausschau nach dem vorangegangenen Gott und suchte nach dessen Spuren.

nach Exodus 33,18–23

Berge auf der Halbinsel Sinai

- Klärt, ob Mose mit seiner Gottessuche Erfolg gehabt hat.
- Wann möchtet ihr jemandem ins Gesicht, in die Augen schauen? Wann vermeidet ihr den Blickkontakt? Erzählt Situationen.
- Moses Erlebnis – Annes Erkenntnis (s. S. 10): Besprecht Gemeinsamkeiten und Unterschiede.

Rembrandt, um 1655

In einer Feder- und Pinselzeichnung zeigt der niederländische Künstler Rembrandt, wie er sich die Erzählung von Mose und Gott im brennenden Dornbusch vorstellt.

- Beschreibt die Gotteserscheinung und deren Wirkung auf Mose, die das Bild vermittelt.
- Malt ein Bild zu der nebenstehenden Erzählung von Moses Begegnung mit Gott in der Wüste. Stellt eure Bilder einander vor und erklärt, warum ihr gerade diese Szene für eure Darstellung ausgewählt habt.

Jesus sagt von sich:
Ich bin das Licht der Welt.
Wer mir nachfolgt, wird nicht
in der Finsternis umhergehen,
sondern wird das Licht
des Lebens haben.

Joh 8,12

Orientieren:
Das Verb ist aus dem Französischen ins Deutsche übernommen und gehört zu *orient:* „Sonnenaufgang, Osten; Orient“.
Ursprünglich war es geografisch gemeint: die Bestimmung der Himmelsrichtung nach dem Aufgang der Sonne.
Erst im 19. Jahrhundert wird das Wort im übertragenen Sinn gebraucht: eine bestimmte Einstellung, einen Standpunkt, eine Ausrichtung gewinnen.

Sich orientieren

Leuchtfeuer

Es war zu der Zeit, als die Schiffe noch nicht mit einer Vielzahl nautischer Instrumente ausgerüstet waren. Die Seeleute orientierten sich an den Sternen und in Küstennähe an Leuchtfeuern, die ihnen eine Standortbestimmung ermöglichten, vor Untiefen warnten, eine Fahrrinne anzeigten. In stockdunkler stürmischer Nacht hielten sie von manchem Schiff aus sehnsüchtig nach dem Lichtpunkt Ausschau, der Orientierung und damit Einfahrt in den sicheren Hafen bot.

Man darf nicht verschweigen, dass auf den Inseln, die dem Festland vorgelagert waren, oft genug die Leuchtfeuer absichtlich verstellt wurden. Das fehlgeleitete Schiff fuhr sich dann fest und wurde – manövrierunfähig und hilflos – von der wilden Brandung zerschlagen. Die verzweifelte Erkenntnis der Seeleute, bei ihrer Orientierung getäuscht worden zu sein, half ihnen nichts mehr: Sie mussten elend ertrinken. Wer sich an den Strand retten konnte, wurde von den verbrecherischen Bewohnern der Insel oftmals erschlagen, weil es denen um die Ladung des Schiffes ging: Das an den Strand gespülte Gut durfte rechtmäßig in Besitz genommen werden.

Trotz aller Gefahren, trotz aller Unzulänglichkeiten dieser optischen Zeichen: Auf die Möglichkeit, sich von den Leuchtfeuern an Land unabhängig zu machen, kam keiner, solange die Männer aus Schilda nicht zur See fuhren. Dabei wäre es doch so einfach gewesen:

Hätte man das Leuchtfeuer als kleinen Turm vorn auf den Bug des eigenen Schiffes gebaut, wäre der Orientierungspunkt nie aus dem Blickfeld geraten. Die große Nähe hätte das Licht auch durch größte Finsternis und dichtesten Nebel dringen lassen. Auch hätte man sich nie über Kursabweichungen erschrecken müssen, da das Feuer nicht zu verfehlen gewesen wäre. Keine gleichgültige Warnung hätte seine Funktion beeinträchtigen, kein Verbrecher täuschend eingreifen können.

Seefahrt in dunkler Nacht mit diesem Schiff hätte ein sicheres Ende gefunden.

- Erläutert den letzten Satz.
- Welche Möglichkeiten der Orientierung kommen in diesem Text vor?
- Erschließt aus dem Text: Welche Bedingungen müssen erfüllt sein, damit die Orientierung gelingt, welche Gefahren lassen sie scheitern?
- Ist es euch schon einmal passiert, dass ihr euch nicht zurecht gefunden habt? Was habt ihr in dieser Situation unternommen?

Sich entscheiden – welche Richtung?

„Donnerwetter", sagte der Großvater, als er die geometrischen Zeichnungen betrachtete, „das ist wirklich eine starke Leistung. Heute Morgen hast du mir noch gesagt, diese Aufgabe schafftest du nie im Leben. Wie lange hast du daran gesessen?" „Vier Stunden", murmelte Anne geistesabwesend. Sie schien mit ihren Gedanken woanders zu sein und wirkte eher bedrückt. „Wie eine strahlende Siegerin wirkst du nicht gerade", stellte ihr Opa fest. „Was ist los?"

„Kevin hat angerufen, er kommt gleich vorbei. Er will die Aufgabe." Sie schwieg eine Weile, bis sie plötzlich sagte: „Ich finde es so unfair. Das ist Diebstahl. Ich quäle mich den ganzen Nachmittag mit dieser blöden Aufgabe herum, und er will sie haben, ganz einfach so. Und morgen in der Schule haben dann eben mindestens zwei die Lösung: neben der fleißigen Anne der so ungeheuer schlaue Kevin. Toll!" „Es kann dich keiner zwingen", bemerkte ihr Großvater ganz ruhig.

Nach längerem Nachdenken brach es aus ihr heraus: „Andererseits ist er ja auch sehr nett, und ich möchte ja auch keine Streberin sein, und außerdem ist Klassenkameradschaft ganz wichtig, und er könnte ja auch eine Eins ganz gut gebrauchen – und", setzte sie zaghaft hinzu, „vielleicht kann er mir ja auch mal helfen." Da musste ihr Großvater denn doch ein bisschen lächeln. Wann sollte Kevin ihr wohl helfen? Von ihm hatte Anne schon mehrfach erzählt: „Guter Sportler, nett, überhaupt nicht dumm, aber unglaublich faul." So fragte ihr Opa zweifelnd: „Was willst du tun?"

Bevor Anne antworten konnte, wurde ihr Gespräch durch das kräftige Schnarren der Klingel unterbrochen.

- Anne hat ein Orientierungsproblem. Beschreibt es.
- Begründet, welche von Annes möglichen Entscheidungen ihr für richtig haltet.
- Schreibt euren Schluss der Geschichte.

Nicht, dass ich es schon begriffen hätte …

Die Welt in einem
anderen Licht sehen.

Paulus wurde in den Jahren zwischen 0 und 10 n. Chr. in einer römischen Provinz geboren, deren Gebiet heute zur Türkei gehört. Er war das Kind einer jüdischen Familie. Im Laufe seines Lebens haben sich seine Glaubensvorstellungen geändert. Er bekannte sich zu Jesus Christus und predigte die christliche Botschaft in Kleinasien und Griechenland. Auf seinen Reisen hat Paulus zahlreiche christliche Gemeinden gegründet.

Bei einem Aufenthalt in Jerusalem geriet Paulus in Unruhen hinein und wurde verhaftet. Er war lange im Gefängnis, ohne dass seine Lage geklärt wurde. Deshalb verlangte er, vor einem kaiserlichen Gericht in Rom gehört zu werden. Als römischer Bürger hatte er das Recht dazu.
Die Apostelgeschichte erzählt (Apg 28,16), dass Paulus in Rom allein unter Hausarrest leben durfte. Er wurde von einem Soldaten bewacht.

Eine überraschende Begegnung

Der Gefangene

Claudius lief die gepflasterte Straße entlang bis zu dem kleinen Haus am Rand der Kaserne. „Sei gegrüßt", rief sein Vater, als der Junge das Haus betrat. „Schön, dass du mich besuchst." Claudius war stolz auf seinen Vater Fabius. Er war Soldat und gehörte zu den Prätorianern, der Leibwache des römischen Kaisers. Claudius war dreizehn Jahre alt und hatte seinem Vater schon öfter geholfen. Jetzt bewachte der Vater einen Häftling, der unter Hausarrest auf seinen Prozess wartete. „Bring dem Gefangenen nebenan das Essen." Fabius zeigte auf die Tonschüssel mit der heißen Suppe. „Du brauchst keine Angst zu haben. Er gehört zu diesen Christen. Er ist ein Gelehrter und tut keinem Menschen etwas zuleide."

„Ein junger Römer bringt mir die Speise!" Der Gefangene blickte von einer Schriftrolle auf und lächelte, als Claudius die Schüssel auf seinen Tisch stellte. „Wie heißt du?" „Claudius." „Mein Name ist Paulus." Eine Weile sah Claudius dem Paulus beim Essen zu; dann musste er einfach fragen: „Hast du keine Angst, zu den Christen zu gehören? Man redet hier in Rom nichts Gutes von euch. Dein Prozess kann schlecht enden."

„Ich habe oft Angst gehabt, als ich zu den Menschen ging", sagte Paulus. „Aber meistens bin ich den Menschen freundlich begegnet. Hätte ich sonst so viele Freundschaften schließen und christliche Gemeinden gründen können? Allerdings habe ich Hunger, Durst und Obdachlosigkeit ertragen müssen. Manche Menschen haben mich ausgelacht, weil ich ihnen schwächlich erschien. Doch ich glaube, dass bei all meiner Schwachheit Gottes Kraft mich leitet."
„Unsere Götter sind stark." Claudius hatte sich mittlerweile auf einen Hocker gesetzt. „Mars und Victoria, die Götter des Krieges und des Sieges. Sie können auch meinem Vater und mir Stärke geben. Möchtest du nicht stark sein und einen mächtigen Gott haben?"

Paulus schob die Schüssel beiseite und strich sich über das Haar. „Stark fühlte ich mich schon als kleiner Junge, besonders wegen meines Namens. Paulus ist mein römischer Name, den ich bekam, weil ich in Tarsus in der römischen Provinz Cilicia aufwuchs. Aber meine Familie war jüdisch. Dort wurde ich Saul genannt, nach dem ersten König der Juden. Als ich ein Kind war, dachte ich wie ein Kind: Ich war stolz auf meinen Königsnamen. Gern erinnere ich mich an das Pessach-Fest, wenn mein Vater die Geschichte von Gott erzählte, der unser Volk mit seiner Macht aus Ägypten geführt hat. Ich fühlte mich bei unserem Gott geborgen. Eifrig lernte ich von meinem Vater die Regeln, die für ein Leben mit Gott wichtig sind. Nach jeder Pessach-Feier wünschten wir uns: ‚Nächstes Jahr in Jerusalem!' Ich wollte endlich wirklich dorthin, in die Stadt, wo der Tempel unseres Gottes steht."

„In die entlegene Provinz?" Claudius wies durch das kleine Zimmerfenster auf die Stadt hinaus. „Ich bin froh, in Rom zu leben, im Zentrum der Welt."

- Auf welche Weise hat Paulus in seiner Kindheit von Gott erfahren?
- Versucht euch zu erinnern, was ihr vor einigen Jahren über Gott gedacht habt.
- Sprecht über religiöse Feste, die in euren Familien gefeiert werden. Was hat euch früher gut daran gefallen? Wie steht ihr heute dazu?

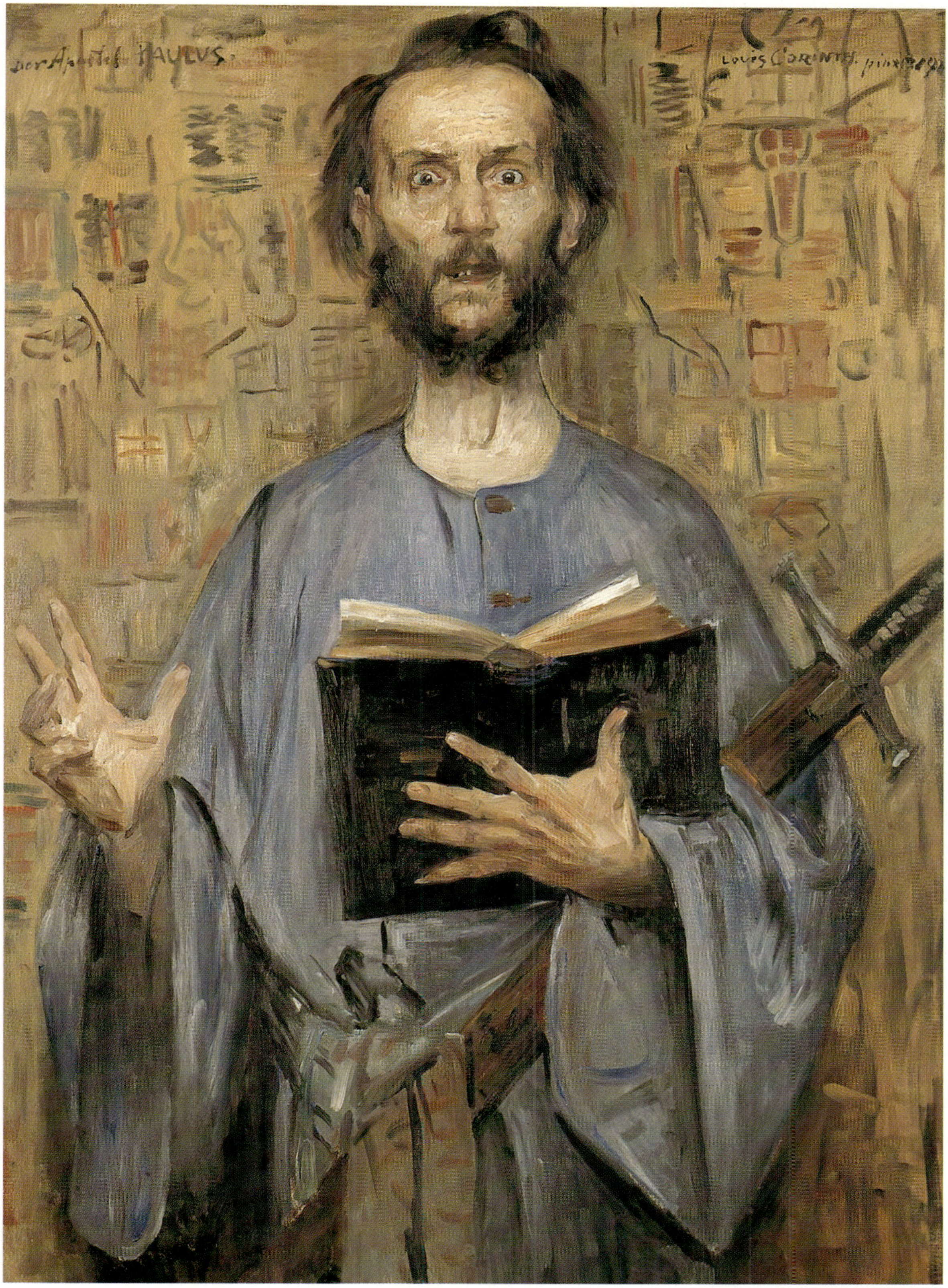

Lovis Corinth, 1911

- Beschreibt wie der Maler Lovis Corinth Paulus auf diesem Bild dargestellt hat. Achtet dabei besonders auf die Handbewegungen und den Gesichtsausdruck.
- Paulus und Claudius unterhalten sich über Schwachheit und Stärke. Betrachtet auch das Bild unter diesen beiden Aspekten.

Unterhalb der El-Aksa Moschee befinden sich alte Stufen zum Jerusalemer Tempel. Zur Zeit des Paulus sprach hier häufig Rabbi Gamaliel, ein wichtiger Gesetzeslehrer. Seine Entscheidungen fanden allgemeine Anerkennung. Wahrscheinlich hat auch der junge Paulus die Lehren Gamaliels gehört.

Gott ist bei den einen und bei den anderen

Paulus verändert sich

„In Jerusalem lebten kluge Rabbiner, die in Verbindung mit dem Hohepriester des Tempels die Gesetze Gottes auslegten. Sie sammelten Schüler um sich, und ich wurde einer der eifrigsten", erzählte Paulus. Claudius nickte: „Ich gehe zu einem Privatlehrer in die Schule. Die meisten seiner Schüler stammen aus vornehmen Familien. Wir lesen bei ihm die Schriften unserer berühmten Dichter und Philosophen. Und was hast du in Jerusalem gelernt?"

Paulus stand auf und ging im Zimmer umher. „Wie man richtig nach Gottes Willen lebt, das wollte ich dort noch besser verstehen. Deshalb schloss ich mich der Gruppe der Pharisäer an, die alle Bestimmungen der Tora sehr ernsthaft auslegten. Und ich wusste genau, wer meine Gegner waren, nämlich die Gruppe, die Jesus folgte. Für Jesus war eine neue Zeit angebrochen. Er machte keine Unterschiede mehr zwischen den Menschen, sondern wollte verdeutlichen, dass die Liebe Gottes für alle gilt. Diesem Grundsatz sollten alle Gesetze dienen. Es gab viel Aufregung, denn er brachte unsere heiligsten Ordnungen durcheinander. Er wurde gekreuzigt, und einige Zeit sprach kaum noch jemand von ihm." „Aber hier in Rom wird viel gemunkelt über den gekreuzigten Gott der Christen. Es muss also doch weitergegangen sein", vermutete Claudius. „Ja, plötzlich waren da wieder Männer und Frauen, die verkündigten: ‚Jesus Christus lebt', ‚Gott hat ihn nicht dem Tod überlassen. Er ist auferstanden.' Die Jesusanhänger gründeten neue Gruppen, die sich rasch ausbreiteten, auch über Jerusalem hinaus. ‚Das muss ein Ende haben', dachte ich. Ich wollte diese Jesus-Leute verfolgen. Was sie von Gott behaupteten, konnte zu Unruhe in unserem Volk führen. Ich wollte sie vor Gericht bringen und endgültig mundtot machen.

Die Pharisäer (hebräisch: die Abgesonderten) traten seit dem 1. Jahrhundert v. Chr. als Gruppe innerhalb des Judentums auf. Sie hielten sich mit großem Ernst an die Tora, das jüdische Gesetz und seine Ausführungsregeln.

- Der junge Paulus hat in Jerusalem nach Lehrern und einer Gruppe Gleichgesinnter gesucht. Beschreibt, welches Ziel er damit verfolgte.
- Überlegt, was ihr heute von einem Religionslehrer oder einer Religionslehrerin erwartet. Lasst euch durch das Foto anregen.

Nach seiner Bekehrung ging Paulus noch einmal nach Damaskus zurück und verkündete Jesus Christus in der Synagoge. Er wurde aus der Stadt vertrieben.
Auch die Christen in Jerusalem misstrauten ihm zunächst. Erst durch die Vermittlung seines Freundes Barnabas wurde er dort angenommen.

Mit der Gemeinde in Damaskus in Syrien wollte ich beginnen. Also ließ ich mir alle Vollmachten geben und begab mich auf den Weg dorthin. Doch auf diesem Weg wurde alles anders." „Erzähl!" Claudius war gespannt.

„Ich kann meine Erfahrung nur schwer in Worte fassen." Paulus setzte sich wieder an seinen Tisch und sah zu Claudius. „Gott hat mir alles neu gezeigt. Ich spürte auf einmal, dieser Jesus ist Gottes Sohn und Gott ist auf der Seite der Menschen um Jesus Christus. Er hatte Recht mit seiner Verkündigung einer neuen Zeit. Es galt, unsere Regeln und Begriffe neu zu verstehen. Als Kind hatte ich unter Juden, Griechen und Römern gelebt. Warum sollte Gottes Liebe nicht ihnen allen gelten? Ich spürte, Christus ist lebendig und er lebt auch in mir. Ihm wollte ich von nun an mit meinem ganzen Leben dienen."

„So plötzlich konntest du dich ändern?"
Claudius zweifelte.

„Nicht dass ich damals schon alles Neue begriffen hätte", antwortete Paulus. „Ich jagte ihm aber nach. Ich vergaß alles, was hinter mir lag, und hatte nur ein Ziel: In der ganzen Welt wollte ich von dem Gott erzählen, der in Jesus Christus zu den Menschen gekommen war."

„Dann musst du doch in vielen Provinzen unseres Reiches herumgekommen sein und ein abenteuerliches Leben geführt haben", vermutete Claudius. „So kann man es sagen," bekräftigte Paulus „Aber Verfolgung und Gefängnis gehörten auch dazu. Mein Leben nach Gottes Willen hatte eine völlig neue Richtung erhalten."

„Ich muss jetzt gehen", Claudius erhob sich. „Meine Freunde erwarten mich zu einem Spiel, zum Hahnenkampf." Als er auf die Gasse trat, dachte er: „Ich komme bestimmt zurück. Dieser Paulus hat noch viel zu erzählen."

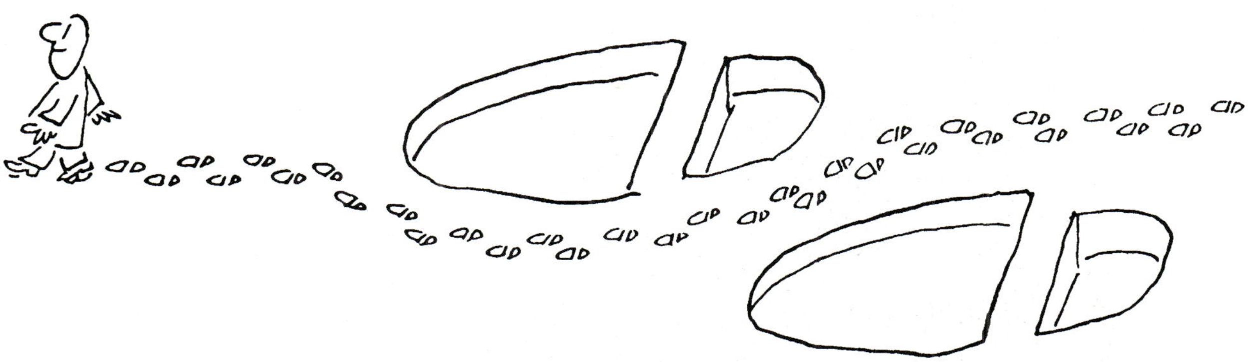

Ivan Steiger

- Beschreibt die Zeichnung von Ivan Steiger: Was könnte sie bedeuten?
  Stellt einen Zusammenhang zwischen der Zeichnung und der Erzählung des Paulus her.

Ist jemand in Christus, so ist er eine neue Kreatur; das Alte ist vergangen, siehe, Neues ist geworden.

2. Korinther 5,17

Der Gott des neuen Lebens

Gottes Kinder

„Du scheinst ein wichtiger Mann für die Christen zu sein." Fabius, der Soldat, lehnte sich an die Zimmertür und blickte zu Paulus hinüber. „Du hast viele Freunde unter ihnen hier in Rom." „Ich habe auch Freunde in anderen Städten und Ländern", antwortete Paulus. „Mit manchen unternahm ich zur Verkündigung des Evangeliums weite Reisen. Wir waren meistens zu Fuß unterwegs und gelegentlich mit dem Schiff. Auf dem Meer konnte uns plötzlich ein gefährlicher Sturm überraschen."

„So erging es meinen Kameraden und mir bei der Überfahrt in die Provinz Macedonia", erinnerte sich Fabius. „Wir waren dort als Legionäre stationiert, mussten Lager errichten und Straßen bauen, harte Arbeit, und das weit fort von unseren Familien."

„In Macedonia begann der christliche Glaube mit einer Frau." Paulus schob den Stuhl vom Tisch und lehnte sich zurück. „Lydia hieß sie, und sie hat sich frei für Gott entschieden. Wir begegneten ihr, als ich mich in der Stadt Philippi mit zwei Freunden zum Fluss Angites begeben hatte. Lydia war Purpurhändlerin." „Das ist der Stoff für die Mäntel unserer Kaiser." „Aber dieser Stoff muss erst einmal hergestellt werden, und dabei geht es gar nicht kaiserlich zu. Die Wolle wird purpurrot gefärbt. Das ist eine harte, schmutzige und stinkende Arbeit. Lydia wohnte in ihrem Haus mit einer Gruppe von Frauen zusammen, die diese schwere Arbeit verrichteten." „Natürlich Sklavinnen", vermutete Fabius. „Wer sollte sonst eine so erniedrigende Arbeit tun." „Nein, die Frauen waren frei und verdienten ihren Lebensunterhalt selbst." Fabius war überrascht.

„Lydia, eine Griechin, war zur jüdischen Gebetsstätte am Fluss gekommen", erklärte Paulus. „Sie glaubte schon an den einen Gott. Wir erzählten ihr von Jesus Christus, Gottes Sohn, und sie glaubte an ihn. Sie ließ sich taufen zum Zeichen, dass sie ganz zu Christus gehörte. Ich tauchte sie im Fluss unter und hob sie wieder herauf zum Zeichen: Jesus ist gestorben und von Gott in ein neues Leben auferweckt worden. So ist auch unser altes in ein neues Leben verwandelt, wenn wir an den Gott Jesu Christi glauben."

„Aber Lydias Leben ging doch weiter mit der harten Arbeit." „Trotzdem war es neu." Paulus

Wasser – seit den Anfängen des Christentums ein Zeichen für neues Leben

Die jungen christlichen Gemeinden brauchten den Rat des Paulus, um den neuen Glauben besser verstehen und leben zu können. Aber Paulus war oft weit entfernt. Deshalb hat er ihnen Briefe geschrieben. Diese Briefe gehören heute zum Neuen Testament.

An der Ausbreitung des Evangeliums waren in den Anfängen des Christentums viele Frauen aktiv beteiligt. Manche stellten den rasch wachsenden Gemeinden ihre Wohnhäuser zur Verfügung. Frauen und Männer legten das Wort Gottes aus, leiteten Gottesdienste und feierten Abendmahl. Hier lasen sie sich auch gegenseitig aus den Briefen des Paulus vor. Schließlich versorgten sie in den Häusern Arme und Kranke.

sah Fabius ins Gesicht. „Du kannst dich von den Dingen des Alltags und den Sorgen beherrschen lassen. Dann erdrücken sie dich, und du fühlst dich sehr klein.“ „Wohl wahr“, seufzte Fabius. „Seit ich bei den Prätorianern bin, reicht mein Sold für das Leben meiner Familie einigermaßen aus. Aber als Wachsoldat habe ich in der Kaserne nicht viel zu sagen.“ Paulus nickte: „Ich verstehe dich. Doch neues Leben in Christus bedeutet, ich bin Gottes Kind wie er. Ich bin für Gott einmalig, und er kennt mich. Deshalb brauche ich mich nicht mehr klein zu fühlen, was auch immer geschieht.“ „Das sagst du so einfach!“ „Gott schickt uns Menschen, durch die wir etwas vom neuen Leben erfahren.“ Paulus schien froh zu werden bei diesem Gedanken. „So war es bei Lydia. Sie nahm uns in ihr Haus auf, denn wir waren in der Stadt manchen Gefahren ausgesetzt. Auch die anderen Frauen ließen sich taufen, und bald kamen weitere Menschen hinzu. Lydia lud die Gemeinde in ihr Wohnhaus ein. Wenn wir zusammen waren, spürten wir das Neue. Natürlich gab es auch Streit. Aber wir wussten: Ob jemand jüdischer oder griechischer Herkunft ist, frei ist oder als Sklave leben muss, Mann ist oder Frau, wir sind gleich vor Gott und gehören zusammen in Christus. Ja, er war bei uns, der Gott des neuen Lebens.“

Ikone aus einer griechisch-orthodoxen Taufkapelle in Philippi

Ikonen (griech.: Bilder) stellen in der orthodoxen Kirche in Ost- und Südosteuropa Bilder heiliger Personen dar. Die Menschen glauben, dass diese durch ihr Bild im Gottesdienst selbst anwesend sind.

- Paulus hat beschrieben, wie Menschen in Lydias Haus trotz harter Arbeit neues Leben spürten.
  Was könnte euch heute helfen, wenn ihr euch klein und niedergeschlagen fühlt?

- Der goldene Hintergrund einer Ikone soll Gottes Gegenwart andeuten.
  Auf dieser Ikone ist Lydia dargestellt. Welchen Eindruck habt ihr von dieser Frauengestalt? Tragt Eigenschaften zusammen, die zu ihr passen.

Ivan Steiger

Der unbekannte Gott

Paulus in Athen

Es war Abend geworden. Draußen zirpten die Grillen. Paulus trat an das kleine Fenster seines Zimmers und blickte im Dämmerlicht auf die Gasse hinaus. „In diese Stadt bin ich gebracht worden, um vor Gericht gehört zu werden“, dachte er. „Andere berühmte Städte habe ich als freier Mann betreten. Vielleicht war Athen die wichtigste. Aber im Grunde verlief der Aufenthalt dort enttäuschend für mich. Ich fand wenig Beachtung und konnte keine Gemeinde gründen. Hätte ich von vornherein damit rechnen sollen? Immerhin befindet sich auf dem Marktplatz von Athen die Säulenhalle, in der die berühmten Denker und Philosophen unserer Zeit ihre Ideen diskutieren. Dass sie sich für die Botschaft von Jesus Christus interessieren, ist nicht so schnell zu erwarten.“

Es kann noch andere Gründe gegeben haben, weshalb die Bürger von Athen die Botschaft des Paulus nicht hören wollten. Mitten in der Stadt steht ein prachtvoller Tempel, in dem Athene, die Göttin der Kriegskunst und der Weisheit, verehrt wurde. Man erzählte, sie habe den Menschen den Ölbaum gebracht, mit dessen Früchten die Athener Handel trieben. Deshalb wurde die Stadt nach ihr benannt.

Die Athener glaubten auch noch an andere Göttinnen und Götter, denen sie herrliche Statuen errichten, oft größer als die Menschen selbst. Paulus sah, wie sie vor ihnen opferten und beteten.

Paulus ging ins Zimmer zurück und setzte sich auf den Rand seines schmalen Bettes. „Das alles hat schon einen Sinn“, sagte er zu sich selbst. „Die Menschen wollen mit den Kräften umgehen, die unser Leben bestimmen: Glück und Unglück, Liebe und Hass. Deshalb schreiben sie diese Kräfte Göttern zu, die sie um Hilfe für ihr Leben bitten. Aber nach meinem Glauben gibt es nur einen Gott, der größer ist als alle Vorstellungen, die wir uns machen. Er lässt sich nicht in einer Statue aus Gold oder Stein festhalten oder an einem bestimmten Ort. Er hat alles geschaffen, und doch ist er uns Menschen persönlich nahe gekommen in Jesus Christus. Dabei trat er nicht wie ein ferner Held auf, sondern als unser Bruder. Er hat sogar den Tod erlitten.

Ich glaube, wir können unsere Erfahrungen mit dem einen Gott in vielen Bildern zum Ausdruck bringen. Ich nenne Gott gern ‚Vater‘, um auszudrücken, dass Jesus Gottes Sohn und wir

Diese Statue der Göttin Athene besteht aus Gold und Elfenbein. Sie wurde im Parthenon aufgestellt, einem im 5. Jahrhundert v. Chr. auf dem Akropolishügel in Athen gebauten Tempel.

Die Griechen und Römer glaubten an zahlreiche Göttinnen, Götter und Halbgötter. Von ihrem Verhältnis zu den Menschen erzählen Mythen und Sagen.

Aphrodite war die Göttin der Schönheit und der Liebe. Sie wurde aus dem Schaum des Meeres geboren. Wohl gesinnte Winde trugen sie auf Zypern an Land.
Aphrodite konnte bei Göttern und Menschen die Kräfte der Sehnsucht und Liebe wecken. Deshalb war der Gott Eros ihr ständiger Begleiter. Auf diesem Bild spielen beide mit dem gewitzten Hirtengott Pan.

alle seine Kinder sind. Aber schon in den heiligen Schriften Israels wird von Gott wie von einer Mutter gesprochen, die uns liebt und nie vergisst."

Doch wie sollte er das den klugen Leuten in Athen sagen? Sie dachten darüber nach, wie man den Staat vernünftig lenken und das Leben vernünftig genießen kann. Aber Paulus ging es um etwas anderes: „Gott ist mehr als eine Idee, nach der wir mit unserem Verstand streben. Damit wir ihm begegnen können, ist er selber zu uns gekommen, in Jesus Christus. Doch Jesus starb am Kreuz, und so ein Gott ist für viele ein Skandal oder eine Dummheit.

Aber Jesus Christus ist stärker als der Tod, und er lebt weiter unter uns. Für alle, die daran glauben, ist das eine große Kraft. Ich spüre diese Kraft, wenn mich selbst hier im Arrest Grüße der Christinnen und Christen aus ganz Rom erreichen."

Ich schäme mich des Evangeliums nicht; denn es ist eine Kraft Gottes, die selig macht alle, die daran glauben, die Juden zuerst und ebenso die Griechen.

Römer 1,16

- Spielt folgende Szenen:
  - Zwei Philosophen treffen sich auf dem Athener Marktplatz und sprechen über Paulus.
  - Ein Olivenhändler ist Paulus begegnet, als dieser gerade die Stadt verließ. Zu Hause erzählt der Händler seiner Frau von dieser Begegnung.

- Dieser Junge hat sich mit Postern von Stars aus dem Sport und der Pop-Kultur umgeben. Was mögen ihm diese Bilder bedeuten?
- Stars werden manchmal als moderne Götter bezeichnet. Haltet ihr diese Aussage für zutreffend?

Wie dieses römische Ehepaar könnten Prisca und Aquila ausgesehen haben. Sie waren schon vor der Begegnung mit Paulus Christen geworden. Als der Kaiser Claudius im Jahr 49 n. Chr. Juden und Judenchristen aus Rom vertrieb, mussten sie Italien verlassen. Sie traten aber weiter für das Evangelium von Jesus Christus ein. Fast zwei Jahre wohnte Paulus bei ihnen in ihrem Haus in Korinth. Sie verstanden sich auf dasselbe Handwerk, nämlich die Herstellung von Zelten, und verdienten gemeinsam ihren Lebensunterhalt.

Die Weisheit Gottes

Unordnung in Korinth

Als es Nacht wurde, musste Paulus die Öllampe in seinem Zimmer löschen. Er lag auf seinem Bett, aber er schlief noch lange nicht ein. Er dachte an Prisca und Aquila, zwei seiner besten Freunde, die er in der Hafenstadt Korinth kennen gelernt hatte. „Die beiden haben mit geholfen, wo sie nur konnten“, erinnerte sich Paulus. „Es war eine glückliche Zeit damals in Korinth. Prisca und Aquila unterstützten mich bei meiner Predigt des Evangeliums. Wir überzeugten Juden und Griechen, so dass sie sich taufen ließen. In nur zwei Jahren entstand in der Stadt eine große Gemeinde. Sie erschien uns bald so stark, dass sie ohne unsere Hilfe zurecht kommen würde. Prisca, Aquila und ich zogen daher voller Zuversicht weiter, um in Kleinasien die Botschaft von Jesus Christus zu verkündigen.“

Aber dann musste sich Paulus doch große Sorgen um die Korinther machen. Durch die Christin Cloë und einige andere Frauen erreichten ihn beunruhigende Nachrichten aus der Stadt, gerade als er so weit entfernt war. Paulus verschränkte die Arme hinter dem Kopf und seufzte. Der Zusammenhalt der ganzen Gemeinde erschien ihm damals gefährdet. Nach ihm hatten noch andere Christen in Korinth gepredigt. Daraufhin hatten sich mehrere Gruppen gebildet, zwischen denen es immer öfter Streit gab.

In der Stille der Nacht fielen Paulus nach und nach wieder Einzelheiten ein: Zu der Gemeinde in Korinth gehörten nur wenige reiche Leute, aber viele Hafenarbeiter, Witwen und Sklaven, die kaum das Nötigste zum Leben hatten. Bei den Gemeindeversammlungen ließen die wohlhabenden Kaufleute und angesehenen Beamten köstliche Speisen auftragen. Doch den duftenden Lammbraten, die Oliven und Früchte teilten sie nicht mit den anderen.

Paulus erfuhr von Abendmahlsfeiern, zu denen die Reichen schon satt kamen, während die Armen noch Hunger hatten. Noch jetzt stieg der Ärger in ihm auf, wenn er an dieses Verhalten dachte. Wie sollte er den Korinthern zeigen, dass alle zusammengehören im Glauben an Jesus Christus und zusammen leben können?

Ihnen einen Brief zu schreiben, war damals das Vernünftigste: „Unter euch gibt es wenige berühmte Leute oder Prominente“, schrieb Paulus. „Aber dafür wisst ihr inzwischen viel über Gott: wie er uns nahe gekommen ist, wie er Leiden und Sterben am Kreuz ertrug und uns ein Bruder geworden ist. Wenn wir uns daran halten, werden wir etwas Besonderes: Menschen, die im Glauben zusammenstehen. Alle bringen in diese Gemeinschaft ihre Fähigkeiten ein. Der eine ist ein guter Organisator, die andere kann Menschen mit ihren Worten überzeugen, andere verstehen sich auf die Krankenpflege oder können Speisen für ein Fest zubereiten. Wir bekämpfen uns nicht, sondern ergänzen uns. Was Gottes Weisheit bedeutet“, sagte er den Korinthern, „soll man an eurem Leben ablesen können. Begegnet einander in Liebe, die immer auch die anderen Menschen im Blick hat. Mit euren Stärken helft den Schwächeren. Keiner von euch soll meinen, er sei etwas Besseres als die anderen. Gott ist nicht ein Gott der Unterordnung, sondern des Friedens.“

Paulus hatte sich viel Gedanken gemacht um das Zusammenleben in der Gemeinde. Noch zwei weitere Briefe nach Korinth waren notwendig gewesen. „Aber man muss Geduld haben mit den Menschen, auch mit den Christen.“ Paulus wurde ruhiger. Er drehte sich zur Seite und schlief bald ein.

Korinth liegt an einer Landenge und ist vom Meer umgeben. In der Antike war es Hauptstadt einer griechischen Provinz und eine berühmte Handelsstadt. Schiffe aus aller Herren Länder legten im Hafen von Korinth an. Prächtige Häuser, Theater und berühmte Tempel standen in der Stadt. Aber es gab auch Elendsviertel in Korinth, schmutzige Straßen in den Vorstädten. Dort lebten arme Menschen.

Viele Teile – ein Körper

Es gibt verschiedene Gaben; doch sie werden alle von demselben Geist ausgeteilt. Was der Geist jedem Einzelnen von uns schenkt, das ist zum Nutzen aller bestimmt.

Man kann die Gemeinde Christi mit einem Leib vergleichen, der viele Glieder hat. Obwohl er aus so vielen Teilen besteht, ist der Leib doch einer.

Der Körper besteht nicht aus einem Teil, sondern aus vielen. Wenn der Fuß sagt: „Ich bin nicht die Hand, deshalb gehöre ich nicht zum Leib", so gehört er doch zum Körper. Und wenn das Ohr sagt: „Ich bin nicht das Auge, darum gehöre ich nicht zum Leib", so gehört es trotzdem zum Körper. Wie könnte der Mensch hören, wenn er nur aus Auge bestünde? Wie könnte er riechen, wenn er nur aus Ohr bestünde?

Gott hat den einzelnen Teilen ihre Aufgabe am Körper gegeben. Wäre alles nur ein Teil, wo bliebe der ganze Körper? Das Auge kann nicht zur Hand sagen: „Ich brauche dich nicht!"; oder der Kopf zu den Füßen: „Ich brauche euch nicht!"

Gerade die Teile des Körpers, welche die schwächsten zu sein scheinen, sind notwendig. Gott hat den Körper so zusammengefügt, dass die schwachen Teile besonders geehrt werden. Alle Teile sollen füreinander sorgen. Wenn ein Teil leidet, leiden alle anderen mit. Wenn ein Teil geehrt wird, freuen sich alle anderen mit.

nach 1. Korinther 12,4ff.

- Für Paulus ist der Körper mit seinen verschiedenen Teilen ein Bild für die Gemeinde als Gemeinschaft, wie Gott sie will. Erklärt diesen Zusammenhang mit euren Worten.

Paul Klee, 1930

- Betrachtet das Bild von Paul Klee und beschreibt möglichst genau, was ihr erkennt. Woran denkt ihr, wenn ihr dieses Bild seht?
- Übertragt die einzelnen Teile des Bildes in vergrößerter Form auf feste Pappe. Schneidet sie aus, so dass ihr sie mit den Händen bewegen könnt. Spielt den Text „Viele Teile – ein Körper" mit diesen Figuren nach.

Das Christentum hat sich im Mittelmeerraum recht schnell ausgebreitet. Schon frühzeitig gelangte es nach Rom. Vermutlich brachten Juden, die von einer Pilgerreise nach Jerusalem zurückkehrten, die Botschaft von Jesus als dem Messias mit.
Als Paulus seinen Brief an die christliche Gemeinde in Rom schrieb, bestand diese aus geborenen Juden und geborenen Nicht-Juden.

Die Gerechtigkeit Gottes

Anerkennung finden

Die Mittagshitze hatte sich wieder in der Stadt ausgebreitet als Claudius das Haus betrat. Er traf seinen Vater an der offenen Tür zum Zimmer des Gefangenen Paulus. „Was ist los?", fragte der Vater, als er das missmutige Gesicht seines Sohnes erblickte. „In der Schule haben sie mich ausgelacht." Claudius lehnte mit hängendem Kopf an der Wand. „Jeder Schüler sollte ein Gedicht aufsagen, aber ich brachte nichts als Stottern heraus. ‚Claudius ist ein Dummkopf', hat Gaius später auf der Gasse gerufen, und alle haben laut gelacht." „Wer ist Gaius?", wollte der Vater wissen. „Der Streber, den alle bewundern", erzählte Claudius. „Sein Vater ist ein reicher Händler, der kostbare Stoffe und Teppiche nach Rom einführt. Zu allen Zirkusspielen wird er eingeladen, und Gaius ist immer dabei. Sicher darf er auch beim großen Pferderennen zuschauen. Gaius verachtet mich, weil ich nicht zu den vornehmen Leuten gehöre." Der Vater schwieg und nickte. Plötzlich rief Paulus den Jungen zu sich.

„Wer ist dein Freund?", fragte Paulus. „Julius, der nach der Schule den Arm um mich legte, um mich zu trösten, ist mein Freund." „Dass mich jemand mag, kann ich nämlich nicht kaufen", bemerkte Paulus. „Stell dir die Christinnen und Christen hier in Rom vor. Als ich noch frei war, habe ich an sie einen ausführlichen Brief geschrieben. Ich habe ihnen meinen Besuch angekündigt und dabei meine Gedanken über den Glauben mitgeteilt. Die Christen sehen reiche und mächtige Leute in dieser Stadt. Der Kaiser wird als göttlich verehrt und von angesehenen Bürgern umworben. Natürlich haben die Christen wenig Reichtum und keinen Einfluss. Aber sie erleben um sich herum Neid und Eifersucht. Deshalb schrieb ich ihnen: ‚Ich glaube, dass all die Regeln unserer Welt vor Gott nicht gelten. Ihr seid ihm wichtig, allein weil ihr ihm vertraut'." „Du meinst so, wie mein Freund Julius zu mir hält?", fiel Claudius ein. „Ja, und in Jesus Christus ist unser Gott selbst zu uns gekommen. Deshalb muss kein Mensch göttlich werden, um Gott nahe zu sein." „Was du sagst, ist gefährlich", flüsterte Claudius.

„Aber es ist die Wahrheit, glaube ich", sagte Paulus. „Schließlich gibt es Christen in Rom, die früher Juden waren. Sie meinen, vor Gott nur bestehen zu können, wenn sie den Vorschriften der Tora folgen. Deshalb wurden sie streng gegenüber anderen und vor allem gegen sich selbst. Ihnen schrieb ich: ‚Kein Mensch ist perfekt in allen Dingen. Gott weiß das und nimmt uns Menschen so an. Wir brauchen uns seine Liebe nicht zu verdienen. Er macht sie nicht abhängig von unseren Leistungen.' Natürlich machen Menschen immer wieder Fehler. Sie können sich trotzdem angenommen fühlen, Claudius." „Also, euer Gott verzeiht den Menschen, was sie falsch machen, weil er sie sehr liebt?" Paulus stimmte zu: „So soll es sein zwischen Gott und den Menschen."

Freundschaften

„Könntest du notfalls
das letzte Hemd vom Leib weggeben?
Dich eher in Stücke reißen lassen,
als ein Geheimnis verraten?
Lieber schwarz werden,
als jemanden im Stich lassen?
Pferde stehlen oder durchs Feuer gehen?"
„Ja."
„Auch für mich?"
„Ja"
„Dann bist du mein Freund."
„Und du? Könntest du notfalls verzeihen?"
„Es kommt darauf an was."
„Dass ich vielleicht einmal nicht
das letzte Hemd hergebe,
mich nicht immer in Stücke reißen lasse,
ausnahmsweise nicht schwarz werden will,
nicht in jedem Fall Pferde stehle
oder durchs Feuer gehe?"
„Ja."
„Dann bist auch du mein Freund."

Hans Manz

Diese Statue zeigt den römischen Kaiser Claudius (10 v. Chr. bis 54 n. Chr.) in der Gestalt des Gottes Jupiter.
Vor solchen Statuen wurde der göttliche Kaiser angebetet.

- Ordne die oben genannten Eigenschaften. Welche sind dir bei der Wahl eines Freundes oder einer Freundin
  - wichtig;
  - weniger wichtig;
  - unwichtig ?

  Ergänze die Stichworte durch eigene Gesichtspunkte.
- Stell dir vor, du begegnest den Jugendlichen, die auf dem Foto zu sehen sind. Was werden sie über dich denken?
- Was heißt „Anerkennung finden"? Betrachte dazu das Gedicht von Hans Manz und die Überlegungen des Paulus.

Wann genau Paulus starb, konnte bisher nicht festgestellt werden. Es geschah wahrscheinlich einige Jahre vor der Christenverfolgung, die Kaiser Nero 64 n. Chr. in Rom anordnete. Paulus wurde zum Tod durch Enthaupten mit dem Schwert vor den Mauern der Stadt verurteilt. Das Grab des Paulus befindet sich wahrscheinlich auch vor der Stadtmauer des antiken Rom. Schon im 1. oder 2. Jahrhundert wurde über dem Grab eine kleine Kirche gebaut.

Ein Gott, mit dem man sprechen kann

Die Stille suchen

Der Römerjunge Claudius saß gern im Zimmer des Gefangenen und hörte ihm zu. Was Paulus von den Christen und ihrem Gott erzählte, hatte Claudius in Rom noch nirgendwo gehört. Das machte ihn neugierig. „Wir haben viel über Gott gesprochen“, sagte Paulus schließlich. „Das wichtigste ist für mich aber, dass ich mit Gott sprechen kann.“

„Du meinst beten.“ Claudius nahm eine Schreibfeder vom Tisch und strich mit dem Finger darüber. „Ich weiß oft gar nicht, zu wem ich beten soll. Vor ein paar Tagen bin ich mit meinem Freund Julius zum Forum Romanum in der Mitte der Stadt gegangen. Schon auf dem Weg dorthin kamen wir am Tempel des Mars vorbei. Auf dem Forum selber stehen viele Tempel. In jedem kann man zu einem anderen Gott beten. Einer ist dem Saturn, dem Gott des Ackerbaus, geweiht, ein anderer der Vesta, der Göttin des Feuers, ein dritter dem Romulus, dem Gründer unserer Stadt. An wen soll ich mich denn wenden?“ „Niemand kann dir hier etwas vorschreiben. Ein Gebet kommt aus dem Herzen. Ich glaube an den einen Gott, und ich bin sicher, dass er meine Gebete hört.“ Paulus betrachtete den Jungen mit ruhigen Augen.

„Hast du dir manchmal etwas von deinem Gott gewünscht?“, wollte Claudius wissen. „Mein größter Wunsch war, dass er mich bis Spanien kommen und auf diesem Weg die Gemeinde in Rom besuchen lässt. Aber bei meinem letzten Aufenthalt in Jerusalem bin ich in einen Tumult geraten und von den Römern dort verhaftet worden. Auf einer beschwerlichen Schiffsreise wurde ich tatsächlich nach Rom gebracht, aber als Gefangener. Gott muss nicht alle Wünsche nach unseren Vorstellungen erfüllen“, hielt Paulus fest, „doch er weiß, wie es um uns steht. Das war in vielen Traurigkeiten ein großer Trost für mich.“

Claudius legte die Feder zurück und blickte durch das Fenster zum Himmel. „Bekommen wir überhaupt Antwort auf unsere Gebete?“, fragte er. „Ich glaube, dass Gott mir geantwortet hat“, sagte Paulus, „durch all die Menschen, die ich gewonnen und zu einer Gemeinde zusammengeführt habe, so verschieden sie auch waren. Am Anfang meiner Briefe an sie musste ich zuerst Gott danken, dass die Sache Jesu Christi so stark geworden ist in der Welt und dass ich so viele Freunde gefunden habe. Diese Menschen sind Gottes Antwort an mich und ein Reichtum seiner Güte.“

„Auf dem Forum ist es oft sehr laut“, erzählte Claudius. „Zwischen den Tempeln haben die Wechsler ihre Läden und tauschen ausländisches Geld in römische Münzen ein. Händler verkaufen teure Waren. All die Menschen machen viel Lärm. Wie soll mir da einfallen, was ich beten will? Ich bin froh, wenn ich überhaupt irgendwo einen ruhigen Platz finde.“ „Ja, geh nur öfter dorthin, wo Ruhe herrscht. Die Stille kann uns helfen“, meinte Paulus. „In ihr fallen uns manchmal neue Worte ein, mit denen wir zu Gott sprechen können.“

Vor der Abenddämmerung machte sich Claudius auf den Heimweg. Aber er musste noch lange nachdenken über das Beten, über die Christen und über den einen Gott.

Diese große Hallenkirche, die wir heute besuchen können, stammt aus dem 19. Jahrhundert. Sie heißt Sankt Paul vor den Mauern. Man hat sie in Rom zu Ehren des Apostels Paulus errichtet. Menschen kommen hierher, um seiner zu gedenken, aber vor allem, um still zu werden und mit Gott zu sprechen.

- Überlegt, welche Gedanken dem Mädchen in dem Kirchenraum wohl durch den Kopf gehen.
- Kann auch in eurer Schule ein Raum oder ein kleiner Bereich der Stille eingerichtet werden? Fertigt Entwürfe an, wie ihr diesen Raum ausstatten möchtet. Versucht, ihn nach euren Vorstellungen zu gestalten.

Ich bin gewiss, dass

weder Tod noch Leben

weder Engel noch Mächte noch Gewalten

weder Gegenwärtiges noch Zukünftiges

weder Hohes noch Tiefes

noch eine andere Kreatur

uns scheiden kann von der Liebe Gottes

Römer 8,38-39

- Schreibt die einzelnen Elemente des Textes auf farbige Karten. Klebt die Karten auf ein großes Papier. Füllt die Zwischenräume mit eigenen Worten aus, die eurer Meinung nach zu dem Text passen.

Vergiss das Träumen nicht

In diesem Kapitel werdet ihr mehr über die Dichterin Mascha Kaléko erfahren, über ihr Leben in Berlin, ihre Vertreibung aus Deutschland, ihre Zeit in New York und Jerusalem.

Gesucht: Ein Irgendwo von dazumal …

Irgendwo, in diesem vom Lärm erdrosselten Leben,
Muss es, so träume ich dann und wann, ein schweigendes Wärterhaus geben.
Mit ein paar Bäumen davor, und einem Vogel, der singt.
Von fern, das Gebirg. Man meint, in den Wolken zu schweben.
Und die Stille ringsum! Es ist eine Stille, die klingt.

Wieder beglückt mich der Duft der blühenden alten Kastanien,
Den ich, unvergessen, so lang über Länder und Meere hin trug …
Rosen zieh ich mir nicht, auch keine verwöhnten Geranien.
Feldblumen frisch auf den Tisch im bäuerlich irdenen Krug!

Nachbarlich grüßt mich vom Dorf zur Vesperstunde das Läuten.
Das Eichhorn erkennt meinen Gang. Und es flieht vor mir nicht mehr das Reh.
Vier Mal spiegelt der Bach mir das wechselnde Antlitz der Zeiten.
Mein Kompass: Sonne und Wind. Meine Zeitungen: Spuren im Schnee.

Wie seltsam: der erste Tag, und ich fühle mich selig zuhause!
Vertraut ist die Landschaft mir längst. Sah alles so oft schon im Traum:
Den Brunnen, den Urväterrat und den offnen Kamin in der Klause;
Petroleumlampe zur Nacht und Bänke aus knorrigem Baum.
… Irgendwo, in diesem vom Fortschritt zertretenen Leben,
Muss es – ich träume es gar zu oft – ein solches Wärterhaus geben.
Dort sitze ich öfters, im Geist, an dem himmlischen Frieden mich labend,
Und blicke, schweigend zumeist, in den sinkenden Lebensabend.

Mascha Kaléko

Um 1900 gehörten 200 000 Menschen zu den jüdischen Gemeinden in Berlin. Noch heute kommen viele Besucher in die Straßen hinter den Hackeschen Höfen, dem ehemaligen jüdischen Viertel rund um die Neue Synagoge.

Träume vor dich hin

Erste Gedichte

Jetzt bin ich groß. Mir blüht kein Märchenbuch.
Ich muss schon oft „Sie" zu mir selber sagen.
Nur manchmal noch an jenen stillen Tagen,
Kommt meine Kindheit heimlich zu Besuch.

Über ihre Kindheit hat Mascha Kaléko selten gesprochen. Sie wurde 1907 in Chrzanów, einem kleinen Städtchen westlich von Krakau geboren. Es lag in einer Gegend, über die vornehme Leute zu Beginn des letzten Jahrhunderts nur die Nase rümpften: Dort lebten die Menschen in ärmlichen Verhältnissen. Wer eine Wohnung mit einer Küche und einem Zimmer besaß, galt schon als reich. Mascha stammte aus einer jüdischen Familie, die zu diesen wohlhabenderen Menschen gehörte. Trotzdem konnten sie zu Beginn des Ersten Weltkriegs in ihrer Heimatstadt nicht in Sicherheit leben. Mit ihren Eltern und ihrer Schwester Lea wanderte Mascha 1914 nach Deutschland aus. Schon mit sieben Jahren lernte sie so Flucht und Heimatlosigkeit kennen.

Aber in der deutschen Schule in Marburg ging es Mascha gut. Die Lehrerin mochte sie sehr, und deshalb durfte Mascha sie häufig auf dem Heimweg nach der Schule begleiten. Auf manchen dieser Spaziergänge kramte sie kleine Zettel hervor. Kurze Gedichte standen darauf, die Mascha selbst geschrieben hatte. „Gefallen Ihnen meine Gedichte?", fragte sie einmal. „Oh ja, sehr", antwortete die Lehrerin lächelnd. Da zog Mascha aus der Tasche ihres Kleides ein Stück Kuchen mit den Worten: „Das ist alles, was ich habe." „Du hast doch sicher selber Hunger", entgegnete die Lehrerin. „Aber es hat Ihre Zeit gekostet", erwiderte Mascha. Früh hatte sie begriffen, dass Zeit etwas Kostbares im Leben eines Menschen ist.

Als Mascha elf Jahre alt war, siedelte ihre Familie nach Berlin über. In der Mitte der Stadt lag das jüdische Viertel mit kleinen Geschäften und Lokalen und einer prächtigen Synagoge für die jüdische Gemeinde. Dort fand Maschas Vater eine Anstellung. Mascha war gern mit den Menschen in ihrer Umgebung zusammen, teilte ihre kleinen Freuden und Sorgen, und sie wollte vor allem eins: dazugehören. Man gehört zu den Menschen, deren Sprache man spricht. Deshalb übernahm Mascha rasch die Berliner Mundart, sagte „ick" und „oll" und schrieb kleine berlinernde Gedichte.

Obwohl ihre Lehrer sie für begabt hielten, musste Mascha mit sechzehn Jahren die Schule verlassen. Die Eltern konnten eine längere Ausbildung ihrer Tochter nicht mehr bezahlen. Jetzt musste sie selbst Geld verdienen. Mascha wurde Bürolehrling im „Arbeiterfürsorgeamt der jüdischen Organisationen Deutschlands", und sie mochte diese Tätigkeit ganz und gar nicht. Vom Montag bis zum Wochenende acht Stunden täglich die immer gleichen Arbeiten verrichten, das war nicht ihre Sache. Doch was blieb ihr übrig? Immerhin, sie war eine Dichterin: Sie brachte ihre Wünsche in Versen zu Papier. So blieben ihre Träume lebendig.

Mascha interessierte das pulsierende Leben der Stadt auch außerhalb des jüdischen Viertels. Weil sie noch so viel wissen und Neues kennen lernen wollte, besuchte sie Abendkurse an der Berliner Universität. Wahrscheinlich lernte sie dort den jüdischen Gelehrten Dr. Saul Kaléko kennen. Als Mascha einundzwanzig Jahre alt war, heirateten beide. Der Alltag im Büro war endlich vorüber.

- Mascha wollte gern dazugehören. Auf welche Weise hat sie versucht, dieses Ziel zu erreichen?

Ihr könnt selbst Gedichte schreiben:
Ein Elfchen besteht aus elf Wörtern,
die auf fünf Zeilen verteilt werden:
In der ersten Zeile steht ein Wort,
in der zweiten Zeile stehen zwei Worte,
in der dritten drei und in der vierten vier Worte.
Mit einem Wort bringt ihr das Gedicht
in der letzten Zeile zum Abschluss.

Ein Elfchen:

Luftballon
knallig-rot
an einem Band
steigt zum blauen Himmel.
Schön!

Die junge Mascha

Interview mit mir selbst

Mein meistgesprochenes Wort als Kind war „nein".
Ich war kein einwandfreies Mutterglück.
Und denke ich an jene Zeit zurück:
Ich möchte nicht mein Kind gewesen sein.

Im letzten Weltkrieg kam ich in die achte
Gemeindeschule zu Herrn Rektor May.
– Ich war schon zwölf, als ich noch immer dachte,
Dass, wenn die Kriege aus sind, Frieden sei.

[...]
Beim Abgang sprach der Lehrer von den Nöten
Der Jugend und vom ethischen Niveau –
Es hieß, wir sollten jetzt ins Leben treten.
Ich aber leider trat nur ins Büro.

Acht Stunden bin ich dienstlich angestellt
Und tue meine schlecht bezahlte Pflicht.
Am Abend schreib ich manchmal ein Gedicht.
(Mein Vater meint, das habe noch gefehlt.)

Bei schönem Wetter reise ich ein Stück
Per Bleistift auf der bunten Länderkarte.
– An stillen Regentagen aber warte
Ich manchmal auf das so genannte Glück ...

Mascha Kaléko

- In dem Gedicht „Interview mit mir selbst" blickt Mascha auf ihre Vergangenheit zurück. Beschreibt den Eindruck, den dieses Mädchen auf euch macht.
- Tragt zusammen, wie ihr selbst in Zukunft leben möchtet.
- Schreibt Elfchen zu den Stichworten Traum, Glück und Ich.

Das Romanische Café in Berlin war am Ende der zwanziger und Anfang der dreißiger Jahre des 20. Jahrhunderts ein Treffpunkt für junge Künstlerinnen und Künstler. Zu ihnen gehörte z. B. Erich Kästner, der Autor von „Emil und die Detektive" und „Das doppelte Lottchen". Auch Mascha Kaléko war oft hier zu finden.

Träume von einer besseren Welt

Freiheit und Erfolg

Eine springlebendige, bewegte Zeit erlebten viele Menschen Ende der zwanziger Jahre in der Großstadt Berlin. Sie hatten erfahren, wie sinnlos ein mörderischer Krieg ist; jetzt sollte ein neues Leben beginnen. Dass es eine neue politische Ordnung mit mehr Rechten für Frauen und Männer gab, ließ viele hoffen. Vor allem die Künstler träumten von einer besseren Welt. Maler, Schauspieler und Dichter trafen sich in Berlin im „Romanischen Café". Hier diskutierten und dichteten sie bei Kaffee oder Wein. Sie wollten sich nicht bei Politikern und Bürgern einschmeicheln. Deshalb schrieben viele freche, witzige Lieder gegen Dummheit und stumpfsinnige Disziplin. „Freiheit für Fantasie" war ihre Parole.

Wenn Mascha das Romanische Café betrat und sich kess berlinernd in die Diskussion einschaltete, waren alle ganz begeistert. Endlich gehörte sie dazu. Sie veröffentlichte ihre ersten Gedichte, und bald schon brachte der Zeitungsjunge ins Romanische Café einige Zeitungen, in denen regelmäßig ihr Name zu finden war.

„Sie sind doch noch so schrecklich jung. Sind Sie es denn wirklich?", fragte erstaunt der Chefredakteur einer Zeitung, der sie persönlich eingeladen hatte. Ein anderer wollte jeden Montag ein neues Gedicht von ihr in seiner Zeitung abdrucken.

Mascha zögerte. Sie hatte Sorge, ob ihr regelmäßig etwas Ordentliches gelingen könnte. Doch später sagte sie selbst: „Dieser Zwang wurde mir zum Segen, ich verlor die Furcht und schrieb eine ganze Menge in jenem Jahr. Zeitgedichte und Großstadtlyrik." 1933 erschien ihr erstes Buch, das „Lyrische Stenogrammheft". Die Menschen liebten ihre Gedichte. Sie konnten Berliner Witz und jüdische Weisheit zugleich darin wiederfinden. Mascha wurde getragen von einer Woge des Erfolgs. Sie las im Radio, und ihre Texte wurden im „Kü-Ka", einem bekannten Künstlerkabarett, vorgetragen.

Irgendwo dort begegnete Mascha schließlich Chemjo Vinaver, dem wichtigsten Menschen in ihrem Leben. Er war Musiker und leitete einen Chor, mit dem er auch in der jüdischen Gemeinde auftrat. Als Musikwissenschaftler beschäftigte er sich mit den Gesängen, die zu den Synagogengottesdiensten gehören. Mascha verliebte sich so sehr in ihn, dass sie sich von ihrem Ehemann trennte. Den Namen Kaléko allerdings behielt sie bis an ihr Lebensende. Chemjo und Mascha heirateten, und sie bekamen einen Sohn. „... wir drei sind wohl die glücklichsten Menschen auf der Welt. Es ist Frühling, der Flieder blüht uns ins Fenster hinein", schrieb Mascha ins Tagebuch.

- Mascha Kaléko hatte erste Erfolge. Schreibt einen Tagebucheintrag, in dem sie einen Tag ihres Lebens schildert.
- Eine belebte Straße in der Stadt hat der Maler August Macke dargestellt. Wie hat er die Parole „Freiheit für Fantasie" in seinem Bild umgesetzt?
- Überlegt, welche Vorstellungen ihr heute von einer besseren Welt habt. Schreibt eure Gedanken auf.

Ich will meinen Geist ausgießen
über alles Fleisch, und eure Söhne
und Töchter sollen weissagen,
eure Alten sollen Träume haben,
und eure Jünglinge
sollen Gesichte sehen.

Joel 3,1

Unsinn und Sinn

Du suchst und suchst. Und kannst den Sinn nicht finden.
Gib's auf; denn so wirst du ihn nicht ergründen.
Pfeif dir ein Liedchen, träume vor dich hin,
wie oft enthüllt im Un-Sinn sich der Sinn!

Mascha Kaléko

August Macke, 1914

Bleibtreu heißt die Straße

Ja, ich weiß. Nein, ich vergaß nichts.
Hier war mein Glück zu Hause. Und meine Not.
Hier kam mein Kind zur Welt. Und musste fort.
Hier besuchten mich meine Freunde
Und die Gestapo ...

Die Angst war übermächtig

Pogrom: gewalttätige Ausschreitungen gegenüber Minderheiten

Die Katastrophe der Vertreibung

„Walter, schnell fort", kurz und energisch drang Maschas Schrei durch das Romanische Café. Der Dichter Walter Mehring sah von seinem Stammtisch hoch und erkannte sofort die Gefahr. Er sprang auf, um zu verschwinden, denn ein Trupp uniformierter Männer betrat das Café. Mutig stellte Mascha sich ihnen in den Weg. Sie tat naiv und unwissend: „Guten Tag, meine Herren! Was ist nur heute los in der Stadt? Wenn Sie ablegen möchten, die Garderobe ist dort hinten. Sicher wird gleich am Fenster ein Tisch für Sie frei." Mascha kokettierte und lenkte ab, um für ihren Freund Zeit zu gewinnen. Sie hatte natürlich sofort erfasst, was auf dem Spiel stand.

Überall in Berlin waren in diesen Jahren Hakenkreuze zu sehen. Die Nationalsozialisten und ihr Führer Adolf Hitler hatten 1933 in Deutschland die Macht ergriffen. Auch hier hatte eine allgemeine Wirtschaftskrise zu Armut und Arbeitslosigkeit geführt. Viele Menschen gaben dafür der neuen politischen Ordnung nach dem Kaiserreich die Schuld und wählten deshalb eine radikale Partei. Innerhalb weniger Monate hatten die Nationalsozialisten in Deutschland die Herrschaft an sich gerissen.

In einem solchen System war für Dichter wie Walter Mehring und seine Freunde kein Platz mehr. Wer in witzigen Liedern die Mächtigen entlarvte, konnte schnell verhaftet werden und musste mit dem Schlimmsten rechnen. Im letzten Augenblick konnte Walter Mehring entkommen: Er verließ das Romanische Café und sofort darauf das Land. Mascha hatte ihm mit ihrem forschen Auftreten das Leben gerettet.

Doch ihr eigenes Leben und das ihrer Familie waren genau so in Gefahr. Sie waren Juden und damit in Deutschland unerwünscht. Als eine neue Auflage der Gedichte Mascha Kalékos erscheinen sollte, wurden die Bücher bereits in der Druckerei beschlagnahmt. Ihre Gedichte fanden nur noch Verbreitung, weil Menschen sie mit der Hand abschrieben und auf losen Blättern heimlich weiterreichten. Ein getipptes Exemplar wurde nach dem Zweiten Weltkrieg in Berlin zwischen den Trümmern ausgegraben. Am 8. August 1935 wurde das Verbot ausgesprochen: Mascha Kaléko durfte in Deutschland nichts mehr veröffentlichen, und ihre Arbeiten standen auf der „Liste des schädlichen und unerwünschten Schrifttums". Ihren Eltern und Geschwistern war es gelungen, nach Palästina auszuwandern. Gab es für Mascha, Chemjo und ihren Sohn in Deutschland überhaupt noch eine Zukunft? Gab es Hoffnung? Die Angst wurde immer größer. 1938, nahezu in letzter Minute, verließ die Familie Kaléko-Vinaver Deutschland und entkam mit dem Schiff nach Amerika. Später schrieb Mascha in ihr Tagebuch:

> *„Am 23. Oktober 38 sind wir in New York angekommen. Nach Monaten angestrengtester Arbeit und täglichen Umherrasens nach den Papieren. Es ist ein Wunder, dass wir noch den schrecklichen Hitler-Pogromen vom 9. November entronnen sind. Die Nachrichten aus Deutschland sind entsetzlich, ... Das wirft einen langen Schatten auf uns, die diesem Schicksal um Haaresbreite Entronnenen."*

Doch die Katastrophe der Vertreibung hatte die junge Familie getroffen. Mascha war damals 31 und Chemjo 42 Jahre alt. Immerhin, in Amerika konnte er vielleicht als Komponist und Dirigent weiter arbeiten, möglicherweise einen Chor gründen. Es gab Hoffnung auf einen Neubeginn in diesem Land.

Am 10. Mai 1933 ließen die Nationalsozialisten auf dem Berliner Opernplatz und in anderen deutschen Universitätsstädten durch Studenten so genannte „schädliche und unerwünschte" Literatur verbrennen. Es handelte sich um Bücher jüdischer und politisch unliebsamer Autorinnen und Autoren. Diese Bücherverbrennungen waren der Auftakt zur Verfolgung vieler Künstlerinnen und Künstler.

Überfahrt

Wir haben keinen Freund auf dieser Welt.
Nur Gott. Den haben sie mit uns vertrieben.
Von all den Vielen ist nur er geblieben.
Sonst keiner, der in Treue zu uns hält.

Kein Herz, das dort am Ufer um uns weint,
Nur Wind und Meer, die leise uns beklagen.
Lass uns dies alles still zu zweien tragen,
Dass keine Träne freue unsern Feind.

Sei du im Dunkel nah. Mir wird so bang.
Ich habe Vaterland und Heim verlassen.
Es wartet so viel Weh auf fremden Gassen.
Gib du mir deine Hand. Der Weg ist lang.

Und wenn das Schiff auf fremder See zerschellt,
Wir sind einander mit dem Blut verschrieben.
Wir haben keinen Freund auf dieser Welt.
Uns bleibt das eine nur: uns sehr zu lieben.

Mascha Kaléko

Charlotte Salomon, um 1940

- Sucht in Zeitungen und Zeitschriften nach Fotos, die zu den einzelnen Strophen des Gedichtes „Überfahrt" passen. Tragt die Strophen in der Klasse vor und zeigt die Bilder dazu.
  Nach ihrer Ankunft in Amerika sagte Mascha Kaléko, dass die Ereignisse in Deutschland einen langen Schatten auf ihr Leben würfen. Was meinte sie damit? Zieht auch die Seiten 156/157 heran.
- Arbeitet heraus, wie in dem Gedicht über Gott gesprochen wird.
- Charlotte Salomon war eine jüdische Kunststudentin aus Berlin. Auch sie musste 1939 die Stadt verlassen. Das Bild hat sie im Rückblick auf ihren letzten Abend in Deutschland gemalt.
  Welche Gedanken mögen ihr an diesem Abend durch den Kopf gegangen sein?

Pihi

Vom Vogel Pihi hab ich einst gelesen,
Dem Wundertier im Lande der Chinesen.
Er hat nur einen Fittich: Stets in Paaren
Sieht man am Horizont der Pihi Scharen.
Zu zweien nur kann sich das Tier erheben;
Im Singular bleibt es am Boden kleben.
Dem Pihi gleich, gekettet an das Nest,
Ist meine Seele, wenn du mich verlässt.

Mascha Kaléko

New York, 1939

In der neuen Welt

Wird Gott uns poor machen?

„Alles ist anders, als wir es uns in Europa vorgestellt haben – vieles besser, manches böser. In den ersten Jahren erging es uns mit dieser Stadt wie einem ‚Flitterwöchner' mit seiner nagelneuen geliebten Frau. Alles war neu und schön, darum (manches nur darum) bezaubernd. Die Wolkenkratzer mitten aus der Nebel-Insel aufragend – unerwartet die hohen Türme funkelnder Lichtfenster ..., ein bisschen wie Lust an Jahrmarktstreiben, Karussell und Lampion erfasst mich beim Anblick des abendlichen Gewimmels am Broadway", schrieb Mascha über New York.

Wenn man überlebt hatte, fingen die Schwierigkeiten erst an; das musste sie mit ihrer Familie auch erfahren. Mehrfach zogen sie in den nächsten Jahren um, bis sie endlich in Greenwich Village eine Wohnung fanden, zu der ein winziger Garten gehörte – umgeben von Fabriken und hohen Häuserwänden. Zunächst waren sie in Amerika freundlich aufgenommen worden. Doch bald begann die Härte und Unerbittlichkeit des alltäglichen Lebens. Mascha stand in Riesenschlangen vor Konsulaten und rannte von Amt zu Amt. In allen Ländern sind Flüchtlinge unbequem und werden manchmal so behandelt, als seien sie an ihrem Schicksal selber schuld. Mascha hörte fremdenfeindliche Parolen auf der Straße, spürte die Angst vor Überfremdung und die Kluft zu den Alteingesessenen. Als Deutschland 1941 Amerika den Krieg erklärte, sprach man in der Öffentlichkeit besser kein Deutsch mehr. Schon ihrem Sohn Steven zuliebe sprach Mascha nur Englisch. Sie schrieb über ihr *„Emigrantenkind"*:

Das lernt das Wörtchen „alien" buchstabieren
Und spricht zur Mutter: „Don't speak German, dear."
Muss knapp acht Jahr alt Diskussionen führen,
Dass er „allright" ist, wenn auch nicht von hier.

Steven stellte seiner Mutter viele Fragen, die sie geduldig zu beantworten versuchte: *„Mami, wie hat Gott mich gemacht? Wird Gott uns poor machen, wenn ich das Lambchop ausspucke? Wie kriegt man Geld? Hat money wings?"* Ja, das Geld fehlte immer, für die Schule, für den Bus, für die Medizin. Zwar konnte Chemjo Vinaver weiter in seinem Beruf arbeiten, dirigierte und komponierte. Er gründete den Vinaver-Chor, der sich als einer der ersten in den USA jüdischer Musik widmete. Aber eine feste Stelle bekam er lange nicht. Also musste Mascha wieder ungeliebte Jobs annehmen.

„Abends von sieben bis neun, hundertzwanzig Minuten täglich, hab' ich einen neuen Beruf. Ich bin ‚Minute-Man'. Beziehungsweise: ‚-woman.'" Das bedeutete: Mascha musste in ihrem Wohnbezirk von Haus zu Haus gehen. Sie musste die Leute auffordern, dem Staat Geld zu leihen, damit dieser den Krieg bezahlen konnte. Und sie scheint in diesem Job erfolgreich gewesen zu sein. „You've got a charming accent", sagten die Leute. Ein wenig Geld verdiente sie auch mit englischen Texten.

Doch die Dichterin Mascha Kaléko konnte nur in ihrer Muttersprache schreiben. Dafür gab es in Amerika kaum ein Publikum. Einige Gedichte veröffentlichte sie im „Aufbau", einer deutschsprachigen Zeitschrift für Emigranten. Maschas Heimweh nach Berlin war in diesen Versen deutlich spürbar. Im November 1944 erhielt die Familie Kaléko-Vinaver die amerikanische Staatsbürgerschaft.

Mascha kümmerte sich in jenen Jahren um ihren Mann und das kleine Glück ihres Sohnes. Auch sie war glücklich, wenn Steven in seinem noch fehlerhaften Englisch sagte: *„Mammy, I love you so! I love you even more than God, I hope he do not mind."*

Steven, 13 Jahre,
New York 1949/50

Central-Park, New York

Frühlingslied für Zugereiste

Liebes fremdes Land; Heimat du, wievielte.
Park so grün wie dort, wo als Kind ich spielte.
Erster Duft im Strauch. Schüchterne Platanen.
Müsst ihr immer mich an daheim gemahnen?
Alles um mich her blüht im Sonnenlicht.
Doch der Frühling hier ist mein Frühling nicht.

Mascha Kaléko

**Der Herr richtet auf, die niedergeschlagen sind.
Der Herr liebt die Gerechten.
Der Herr behütet die Fremdlinge.**

Psalm 146,8–9a

- In ihren Gedichten und Tagebuchnotizen schildert Mascha Kaléko, wie sie selbst und ihr Sohn Steven sich in Amerika einlebten. Vergleicht die Gedanken und Gefühle der beiden miteinander.
- Gibt es in eurer Klasse Jungen und Mädchen, die aus anderen Ländern kommen? Wie erleben sie unser Land? Welche Zukunft erträumen sie sich?

Als ich Europa wiedersah ...

Als ich Europa wiedersah
– Nach jahrelangem Sehnen –
Als ich Europa wiedersah
Da kamen mir die Tränen.

Mascha Kaléko

5 Leite mich in deiner Wahrheit und lehre mich!
Denn du bist der Gott, der mir hilft;
täglich harre ich auf dich.
17 Die Angst meines Herzens ist groß;
führe mich aus meinen Nöten!
20 Bewahre meine Seele und errette mich:
lass mich nicht zuschanden werden,
denn ich traue auf dich!

Psalm 25

Verse für Zeitgenossen

Das Comeback

Briefe von berühmten Leuten erhielt Mascha Ende der 40er Jahre. *„Haben Sie Dank für Ihren Gruß und Ihre ausdrucksvollen Gedichte ... Gewiss haben sie vielen Tausenden aus der Seele gesungen hier draußen“*, schrieb ihr Thomas Mann. Der große Dichter lebte damals ebenfalls im amerikanischen Exil. *„Ich habe Ihre Gedichte mit wirklicher Bewunderung gelesen. Sie haben mir solchen Eindruck gemacht wie Weniges aus unserer Zeit“*, grüßte sie Albert Einstein. Der geniale Mathematiker hatte später viel Freude an Maschas Kindergedichten. Anlass für diese Briefe waren die „Verse für Zeitgenossen“, Exilgedichte, die Mascha 1945 veröffentlichte. Sie hatte das Büchlein an für sie wichtige Zeitgenossen geschickt und endlich wieder mit der Arbeit als Autorin begonnen. Halbe Tage verbrachte sie in Bibliotheken, las und fand neue Anregungen. Oft wurde sie von ihrem Sohn Steven begleitet. Kaufen konnten sie sich all die Bücher nicht, denn ein kleines Gedichtbändchen brachte nicht viel Geld ein. Aber Mascha gewann wieder Anerkennung – auch in Deutschland.

Der Rowohlt Verlag legte ihre Gedichte erneut auf, und nach achtzehn Jahren der Emigration kam Mascha 1956 deshalb nach Berlin zu Besuch. „Na, wie finden Sie denn Berlin so mit den Bombenruinen?“, wurde sie in einem Interview gefragt. „Von finden kann keine Rede sein, ich suche es immer noch“, war Maschas Antwort. Was sie suchte, war die vertraute Umgebung, in der sie zuhause gewesen war. Sie hatte in zahlreichen deutschen Städten viel Erfolg. Überall traf sie Menschen, die sagten: MK – na klar kenn ich die.“ Mascha gab Rundfunk- und Presseinterviews und konnte in vollen Sälen aus ihren Gedichten lesen. Ihr spritziger Charme kam dabei zur Geltung, und Mascha war glücklich, in Deutschland nicht vergessen worden zu sein. „Warum lernen wir Mascha Kalékos Gedichte erst heute kennen?“, fragten junge Leute in Deutschland und den USA. Sie mochten diese zierliche, lebendige Frau und suchten das Gespräch mit ihr. Sie habe doch so viel erlebt und könne ihnen sicher das Wichtigste nennen, das in dieser Zeit zu tun sei. Manchmal erinnerte sie Mascha dann an eine jüdische Geschichte:

> *Bald nach dem Tode des Rabbi Mosche von Kobryn wurde einer seiner Schüler gefragt: „Was war für deinen Lehrer das Wichtigste?“ Der Schüler besann sich und gab zur Antwort: „Womit er sich gerade abgab.“*

Mascha Kaléko 1958

Berlin – Potsdamer Platz
1930 und 1946

1960 wurde Mascha in Deutschland ein Literaturpreis zugesprochen, der mit 4000 DM dotiert war. Sie lehnte den Preis ab mit folgender Begründung: Ein Jurymitglied war jahrelang aktives Mitglied der nationalsozialistischen Partei gewesen. Aus seiner Hand konnte sie keinen Preis annehmen.

Mascha konnte nur sich selber treu bleiben. Nach dieser Ablehnung war ihr Comeback in Deutschland vorbei. Preise erhielten andere Dichter. Für Mascha stand eine neue Wende in ihrem Leben bevor.

- Was mag es für Mascha Kaléko bedeutet haben, den Literaturpreis in Deutschland abzulehnen?
  Überlegt, was ihr noch wichtiger war als die Anerkennung in ihrer alten Heimat.
- Verfasst kurze Geschichten, in denen ihr selbst gefragt werdet:
  „Was ist für dich das Wichtigste?"

Wiedersehen mit Berlin

Auf meinem Herzen geh ich durch die Straßen,
Wo oft nichts steht als nur ein Straßenschild.
In mir, dem Fremdling, lebt das alte Bild
Der Stadt, die so viel Tausende vergaßen.
Ich wandle wie durch einen Traum
Durch dieser Landschaft Zeit und Raum.
In mir wird so ich-weiß-nicht wie
Vor Heimweh nach den Temps perdu ...

Berlin im Frühling. Und Berlin im Schnee.
Mein erster Versband in den Bücherläden.
Die Freunde vom Romanischen Café.
Wie vieles seh ich, das ich nicht mehr seh.

Mascha Kaléko

Im Volkston

Nun bin ich worden fünfzig Jahr
Und muss bald scheiden. Schon?
Wie kurz das liebe Leben war.
Was lieb ist, eilt davon.

Herr, der du unsre Herzen zwei
Gefügt zu einem Stück,
Ist meines Liebsten Zeit vorbei,
So nimm auch mich zurück.

Mascha Kaléko

Wem sollte ich meine Träume erzählen?

Schattenseiten

Seit 1962 lebten Mascha und Chemjo in der King Georges Street 33 in Jerusalem. Ihre kleine Wohnung lag im siebten Stock des Hauses mit einem weiten Blick über die Altstadt. Steven, ihr Sohn, war in Amerika und Europa bekannt geworden. Er schrieb und inszenierte Stücke für das Revue-Theater. Für seine Aufführungen erhielt er Preise und war sehr erfolgreich.

Chemjos Arbeit zuliebe waren seine Eltern nach Israel übergesiedelt. In Jerusalem gab es eine Vielfalt an Synagogen mit großem musikalischen Reichtum. Nur hier konnte Chemjo sein Lebenswerk vollenden, eine umfangreiche Veröffentlichung über die Musik jüdischer Gottesdienste. Mascha liebte ihren Mann sehr, der all seine Gelehrsamkeit und Künstlerschaft zum Ruhme Gottes einsetzen wollte.

Aber gesundheitlich ging es ihnen beiden schlecht. Mascha fand nicht mehr die Kraft, um erneut in einem fremden Land heimisch zu werden. In Jerusalem, der Stadt, mit der sich so viele Hoffnungen der Juden verbinden, wurde sie zur Außenseiterin. Weil sie kaum Hebräisch lernte, konnte sie sich in ihrer Umgebung nur schwer verständigen, geschweige denn Freunde finden. Gespräche fehlten ihr sehr, denn sie unterhielt sich doch so gern. Mit der Zeit wollten sich auch keine Reime mehr einstellen. *„Bin meist so müde, dass das Leben-Schwänzen nicht schwer fällt – leider“*, schrieb Mascha an eine Freundin in Europa.

Trotzdem war sie gelegentlich zu Vortragsreisen in Deutschland und der Schweiz unterwegs. Während einer solchen Reise wurde Mascha plötzlich nach Amerika gerufen. Steven war auf einer Feier zusammengebrochen. Noch vier Tage konnte Mascha an seinem Krankenbett sitzen, dann starb ihr Sohn, nur einunddreißig Jahre alt. Mascha und Chemjo blieben fassungslos zurück. Sie waren wie gelähmt und haben sich von dem Verlust nie wieder erholt. Von nun an hatte einer Angst um den anderen. Noch waren sie alljährlich nach Europa unterwegs. Chemjo saß meist schweigend neben seiner Frau, mit ihrer Lebhaftigkeit liebevoll einverstanden. Mascha brauchte seine Begleitung und menschliche Wärme. Doch schließlich geschah, wovor sie sich gefürchtet hatte: Im Dezember 1973 starb Chemjo Vinaver nach langer Krankheit in Jerusalem. Einsam und allein blieb Mascha nach dem Tod ihrer liebsten Menschen. Sie verließ ihre Wohnung kaum noch und glaubte, der letzte Halt im Leben sei ihr genommen worden.

Aber aus dem Schmerz und der Traurigkeit heraus kehrten die Verse zurück. In einem Jahr schrieb sie mehr Gedichte als jemals zuvor in Jerusalem. Freunde in Zürich und Berlin luden sie zu Lesungen ein, und noch einmal erlebte sie glückliche Tage in der alten Heimat. Die Schauspielerin Gisela Zoch-Westphal hatte in Radio Zürich Maschas Gedichte vorgetragen, und beide wurden enge Freundinnen. So hatte Mascha eine treue Begleiterin, als sie in ein Zürcher Krankenhaus eingeliefert werden musste. Mascha wusste, dass ihr Leben zu Ende ging und nahm das Ende an. Eine letzte Sorge war ihr genommen, als man Chemjos Lebenswerk der Jerusalemer Universität übergeben hatte. Jetzt konnte sie friedlich sterben.

Mascha Kaléko wurde am 21. Januar 1975 auf dem Israelitischen Friedhof in Zürich beigesetzt. Die schlichte Trauerfeier begleitete ein Vorsänger mit den religiösen Gesängen des jüdischen Volkes.

Blick auf den jüdischen Friedhof vor den Mauern der Altstadt von Jerusalem.

Ich träume nicht mehr

Ich träume nicht mehr,
Seit du nicht mehr aufwachst am Morgen,
Wenn die Morgenlandsonne glühend schreit
In deinem Balkonzimmer.

Kann keiner meine Träume deuten.
Nur der das Lächeln aufkeimen sah
In meinem Herzen
Und die Träne reifen
Hinter meinem Auge.

Du hörst mein Gras wachsen.

Schon fast dreihundert
Morgenlandsonnen –
Und du wachtest nicht auf.

Ich träume nicht mehr.
Wem sollte ich meine Träume erzählen?

Mascha Kaléko

Mascha Kaléko 1967

- Die Erzählung schildert Mascha Kalékos letzten Lebensabschnitt.
  Stellt euch vor, ihr hättet sie in dieser Zeit besuchen können. Worüber hättet ihr mit Mascha gesprochen?
- Suche dir aus den Gedichten oder aus dem Lied auf dieser Doppelseite einen Vers oder eine Zeile aus, die dich besonders ansprechen.
  Schreibe diesen Text auf weißes oder farbiges Papier. Durch das Schriftbild soll etwas vom Sinn des Textes zum Ausdruck kommen.
  Du kannst z. B. Buchstaben und Wörter farbig hervorheben oder kleine Zeichnungen anbringen.
- Stellt die gestalteten Texte in der Klasse vor.

Kanon: Bernd Schlaudt

Gebet

Es wohnen drei in meinem Haus –
Das Ich, das Mich, das Mein.
Und will von draußen wer herein,
So stoßen Ich und Mich und Mein
Ihn grob zur Tür hinaus.

Stockfinster ist es in dem Haus,
Trüb flackert Kerzenschein.
Herr: lass dein Sonnenlicht herein!
Dann geht dem Ich, dem Mich, dem Mein
Das fahle Flämmchen aus.

Mascha Kaléko

Gedanken zwischen Erde und Himmel

Eine Freundin erzählt

In ihren letzten Lebensmonaten war Gisela Zoch-Westphal für Mascha zur engen Vertrauten geworden. Eine Woche vor ihrem Tod hat Mascha ihr deshalb die Verantwortung für ihr literarisches Werk übertragen. Sie sollte alles, was Mascha geschrieben hatte, aus Jerusalem holen und musste deshalb die Wohnung in der King Georges Street 33 aufsuchen. Diesen Besuch beschreibt Gisela Zoch-Westphal als eindrückliches Erlebnis:

Ich stieg die hohen Steinstufen des verwohnten Treppenhauses hinauf. Im ersten Stock ein Kosmetiksalon, im zweiten ein Dentist, im dritten ein Anwalt, im vierten ein Künstler: Blum, Artist. Im fünften und sechsten waren die Namen nur hebräisch geschrieben. Im siebten Stock, Wohnung Nr. 18, stand in Iwrith: Vinaver-Kaléko; darunter war ein Ausschnitt aus einer Visitenkarte geklebt: Mascha Kaléko. In der Tür ein Guckloch. Eine Treppe höher schlug die Tür zum Dach hin und her. Hamsin, der heiße Wüstenwind, fegte über die Stadt.

Ich zwang mich, die Tür aufzuschließen, ging nach dem von Mascha gezeichneten Plan in ihr Zimmer und betrat einen schlichten Raum, einer Mönchsklause nicht unähnlich. Die Möbel – ein Tisch, ein Schrank, ein Feldbett, zwei Stühle – waren mit Zeitungspapier abgedeckt, um Sonne und Staub abzuhalten, die Teppiche aufgerollt. Ein großer metallener Karteischrank, wie ich ihn nur aus Arztpraxen kenne, barg ihre Korrespondenz; private in einem Kasten, Verlagsdinge im anderen, darunter Veröffentlichtes, daneben Unveröffentlichtes. Penibelste Ordnung, wohin ich sah. Was immer ich in die Hand nahm, war bezeichnet. Die einzelnen Vorgänge hatte Mascha in schmalen Ordnern verwahrt.

Der Verzicht auf jede Bequemlichkeit, das Sichbeschränken auf absolut Notwendiges, ist Ausdruck einer Lebenseinstellung … der unfreiwillig-freiwilligen Ankömmlinge, die … unaus- löschlich den Stempel der Verfolgung tragen und nirgends mehr eine Heimat fanden.

„Zur Heimat erkor ich mir die Liebe." Dies ist für mich die schönste Verszeile Mascha Kalékos. Mit Liebe will ich meine Arbeit fortsetzen und ihre Gedichte weiter Lesern und Hörern nahe bringen.

G. Z.-W.

Ein Fremdling, stumm vor unerschlossenen Zonen,
Fror ich mich durch die finsteren Jahre.
Zur Heimat erkor ich mir die Liebe.

Mascha Kaléko

Iwrith ist die neuhebräische Sprache, die Ende des 19. Jahrhunderts geschaffen wurde. Seit 1948 ist sie Amtssprache in Israel.

- Mascha Kaléko hat die Liebe als ihre Heimat bezeichnet.
  Sucht nach einer Bestätigung für diese Auffassung in ihrer Lebensgeschichte.
- In ihrer letzten Wohnung in Jerusalem hat Mascha Kaléko das Gedicht „Sozusagen grundlos vergnügt" verfasst. Hier spricht sie von einer Leiter zwischen Erde und Himmel. Fertigt Bilder von einer Himmelsleiter an, die zu diesem Gedicht passen.
- Beschreibt das Bild von Joan Miró möglichst genau.
  Setzt folgenden Textanfang schriftlich fort: „Die Nacht ist dunkel und klar. Ich sitze am Fuße der Himmelsleiter …"
  Lest anschließend die Geschichte von Jakobs Traum (Gen 28,10–22).

Joan Miró, 1926

Sozusagen grundlos vergnügt

Ich freu mich, dass am Himmel Wolken ziehen
Und dass es regnet, hagelt, friert und schneit.
Ich freu mich auch zur grünen Jahreszeit,
Wenn Heckenrosen und Holunder blühen.
– Dass Amseln flöten und dass Immen summen,
Dass Mücken stechen und dass Brummer brummen.
Dass rote Luftballons ins Blaue steigen.
Dass Spatzen schwatzen. Und dass Fische schweigen.

Ich freu mich, dass der Mond am Himmel steht
Und dass die Sonne täglich neu aufgeht.
Dass Herbst dem Sommer folgt und Lenz dem Winter,
Gefällt mir wohl. Da steckt ein Sinn dahinter,
Wenn auch die Neunmalklugen ihn nicht sehn.
Man kann nicht alles mit dem Kopf verstehn!
Ich freue mich. Das ist des Lebens Sinn.
Ich freu mich vor allem, dass ich bin.

In mir ist alles aufgeräumt und heiter:
Die Diele blitzt. Das Feuer ist geschürt.
An solchem Tag erklettert man die Leiter,
Die von der Erde in den Himmel führt.
Da kann der Mensch, wie es ihm vorgeschrieben,
weil er sich selber liebt – den Nächsten lieben.
Ich freue mich, dass ich mich an das Schöne
Und an das Wunder niemals ganz gewöhne.
Dass alles so erstaunlich bleibt und neu!
Ich freu mich, dass ich ... Dass ich mich freu.

Mascha Kaléko

Ein Bild von der Welt gewinnen

- Bilder erzählen Geschichten,
regen Gedanken an,
werfen Fragen auf.
Interviewt euch gegenseitig,
indem ihr euch an den Fragen
auf S. 52 orientiert.
Bezieht auch eure Lehrerin
oder euren Lehrer
als Interviewpartner mit ein.

Eine Blume, eine Wolke, ein Stein,
Trauben, gekeltert zu Wein,
Erde und Regen und Schnee,
im Wald der Vogel, das Reh,
auch die kleine Maus und der Wurm,
der Tag, die Nacht und der Sturm,
auf dem Meer ein Schiff in Not,
Vater, Mutter und das Brot,
der alte Mann am Weg,
der Himmel über dem Steg,
Sonne, Mond und Stern,
im Apfel der Kern,
in der Wiege das Kind,
ob alle Gottes Werke sind?

Max Bolliger

Wissen wollen, was die Wahrheit ist

Ein Ausflug

Die Räder hatten sie einfach an der Böschung liegen gelassen. Hoch über der Straße saßen sie unter einem Olivenbaum und sahen hinunter auf die Bucht. Der erste Urlaub ohne Eltern, mit dem CVJM durch Griechenland.

Während die meisten aus der Gruppe sich ausruhten oder das Abendessen vorbereiteten, waren Jan und Jule noch einmal losgefahren und genossen nun den fantastischen Blick.

Die weißen Häuser von Palea Epidauros glänzten in der Nachmittagssonne wie ausgekippter Würfelzucker auf einem Gartentisch. Nur die Kirche mit ihren Zwiebeltürmen und der runden Kuppel auf dem Hügel über dem kleinen Hafen schien etwas Besonderes sein zu wollen. Die Sonne spiegelte sich im Meer.

„Glaubst du eigentlich an Gott?", fragte Jule unvermittelt.

Jan sah sie verwundert von der Seite an. „Wie kommst du denn jetzt darauf?"

Jule schwieg und zählte stattdessen die Segel auf dem Wasser. Wie Papierschnipsel, dachte sie, die ein Windstoß vom Schreibtisch geweht hat.

Sie hatten sich einen idealen Platz ausgesucht. Von hier aus ließen sich Fotos für Postkarten machen, so schön war die Aussicht. Sie hatte einmal gelesen, dass die Indianer solche besonderen Orte, die sie für unvergleichlich hielten, als heiligen Boden ansahen und dort ihre Götter verehrten.

„Ich meine", sagte sie, „in der Bibel steht doch, dass Gott der Schöpfer der Welt ist, und wenn man da hinunter blickt, wie schön das ist, glaubst du, dass Gott das geschaffen hat?"

Jan zuckte mit den Achseln. „Die Wissenschaft hat doch längst erkannt, dass es so, wie es in der Bibel steht, nicht gewesen sein kann. Die Welt ist durch den Urknall entstanden, durch eine Urexplosion vor Milliarden von Jahren."

„Und du glaubst, dass das stimmt?"

„Du etwa nicht?" Jan sah erstaunt hoch. „Meinst du etwa, was in der Bibel steht, ist wahr, und die Wissenschaft hat Unrecht?"

„Na ja, ich glaube jedenfalls, dass man nicht so einfach sagen kann, das eine ist richtig und das andere ist falsch. Erstens heißt es Urknalltheorie. Die Vorstellung von der Urexplosion ist also eine Annahme. Zweitens: Wenn sie zutrifft, was war vor dem Urknall? Wer oder was hat ihn bewirkt? Und drittens ist aber alles wohl noch komplizierter, als wir es uns vorstellen können."

„Woher willst du das denn wissen?"

„Ich weiß es natürlich nicht, aber vor kurzem habe ich im Fernsehen einen Bericht über eine Tagung von Naturwissenschaftlern gesehen. Besonders beeindruckt hat mich der Forscher Stephen Hawking. Er sitzt in einem Rollstuhl und kann sich nicht bewegen. Sprechen kann er nur mit einem besonderen Sprachcomputer. Er soll sehr berühmt sein. Es war die Rede von der Suche nach einer Weltformel und von einer Superstring-Theorie, die alle bisherigen Annahmen verändert. Mein Vater meint, es gebe sogar Physiker, Biologen und Mathematiker, die auf Grund dieser Erkenntnisse annehmen, dass es ein Jenseits gibt und ein Leben nach dem Tod."

„Das hört sich ja abenteuerlich an. Und das soll wissenschaftlich sein?", fragte Jan.

- Das Gespräch könnte noch eine Weile so weiter gehen. Zwei Jugendliche fragen nach Gott und der Entstehung der Welt; sie wollen wissen, was wirklich wahr ist.
  Und ihr, was glaubt ihr? Hat Gott die Welt geschaffen? Ist sie durch einen Urknall entstanden? Gibt es ein Jenseits und ein Leben nach dem Tod?

Der bekannte britische Physiker Stephen Hawking sitzt fast völlig gelähmt in einem High-Tech-Rollstuhl. Er kann sich nur mit Computer und Sprachsynthesizer verständigen. Damit schafft er 15 Wörter pro Minute. Trotzdem schreibt er neben seinen Forschungen Bücher und hält Vorträge. Hawking verglich einmal die Frage nach dem Anfang mit der Frage, was nördlich vom Nordpol sei.

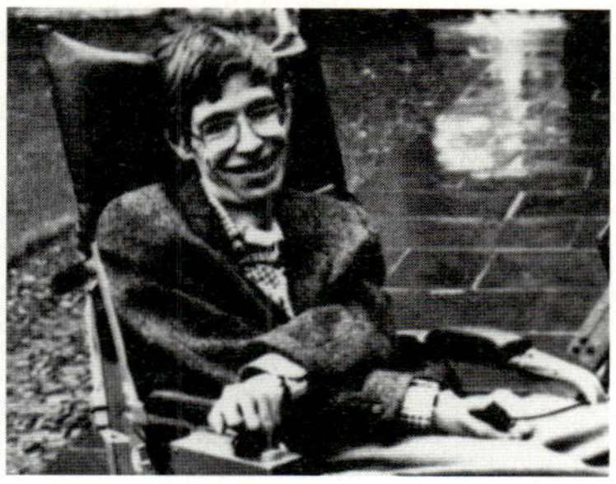

Zu Beginn des Urknalls haben ungeheure Energien geherrscht, wie sie in einem Experiment nicht erzeugt werden können. Deshalb können die Physiker das, was beim Urknall und unmittelbar danach geschah, nur in Theorien formulieren. Die String-Theorie geht davon aus, dass Teilchen, die während des Urknalls existierten, die Urteilchen, fadenförmige Gebilde sind (englisch: „strings"). Bei hohen Energien erscheinen sie als Faden oder Schlaufen, bei niedrigen Temperaturen, so wie wir sie kennen, kann man Strings als punktartige Gebilde betrachten. Bis jetzt ist diese Theorie nur ein erster Ansatz für eine ausgefeilte Theorie.

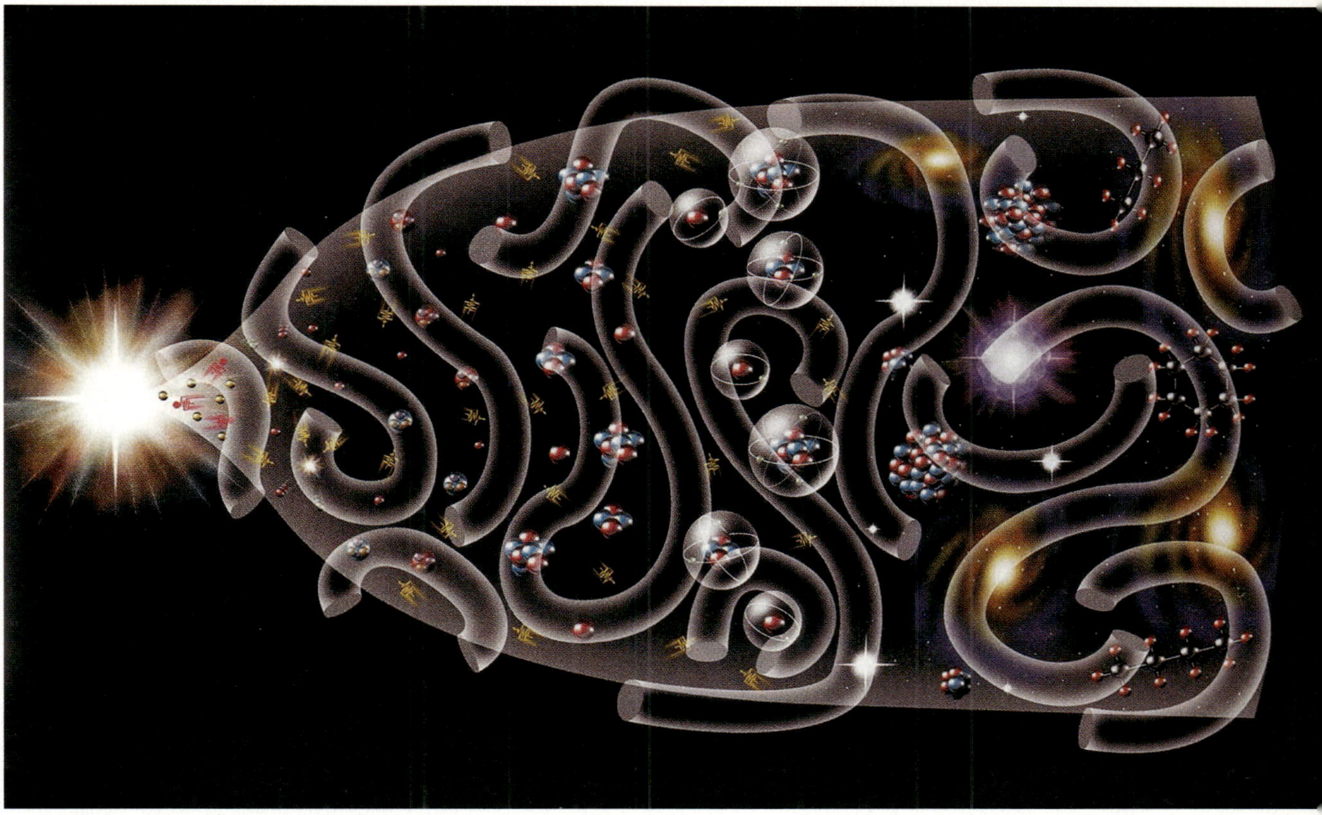

Strings – Urteilchen (physikalisches Modell)

- Ein Naturwissenschaftler sagte:
  „Unsere Arbeit besteht darin,dass wir eine falsche Hypothese durch eine andere falsche Hypothese ersetzen."
  Versucht diese Aussage zu erklären.

Eine Hypothese ist eine unbewiesene Annahme, Unterstellung. Ziel ist es, sie zu beweisen oder zu widerlegen.

Nach dem Woher und Wohin fragen

28 Fragen der 8a

1. Was ist das Nichts?
2. Was bedeutet Unendlichkeit?
3. Was ist die Ewigkeit?
4. Wo hört das Weltall auf? Hört es überhaupt auf?
5. Ist die Erde Zufall oder Absicht?
6. Werden je Menschen erfahren, wie sie selbst und die Welt entstanden sind?
7. Was war vor dem Urknall?
8. Gibt es noch andere menschenähnliche Wesen im All?
9. Woher wissen oder glauben die Wissenschaftler zu wissen, wie die Welt entstanden ist?
10. Woher weiß die Bibel, wie die Schöpfung war?
11. Widersprechen sich Wissenschaft und Bibel?
12. Wie sollen wir die Schöpfung behandeln?
13. Wer war als erster da außer Gott?
14. Was hat der Urknall zu bedeuten, wenn es in der Bibel anders steht?
15. Wer war eigentlich der richtige Schöpfer?
16. Welche Geschichte von der Schöpfung ist wahr?
17. Wie hat das so genannte Paradies ausgesehen?
18. Was soll ich glauben: Stammen die Menschen vom Affen ab oder waren die Menschen sofort da?
19. Wie konnte Gott entstehen?
20. Es gibt Leben und Sterben. Welchen Sinn hat das Leben für uns? Was ist nach dem Tod?
21. Wie kann die Schöpfung in der Bibel stehen, wo die Menschen doch erst viel später lernten zu schreiben?
22. Was – wie – wer ist Gott?
23. Wer hat die Schöpfung denn aufgeschrieben? Es war doch kein Mensch dabei.
24. Woher weiß die Bibel, wie die Schöpfung war?
25. Hat Gott nur die Erde gemacht oder auch andere Planeten?
26. Stimmt alles, was in der Bibel steht?
27. Gibt es einen allerersten Anfang?
28. Was war vor der Erde?

- Schreibe die 10 Fragen auf, die für dich am wichtigsten sind, und vergleiche deine Liste mit der deiner Nachbarin oder deines Nachbarn. Auf welche dieser Fragen könnt ihr eine Antwort geben?
- Über welche Fragen wollt ihr im Unterricht nachdenken?
- Diskutiert, ob die beiden Aussagen über die Wahrheit zutreffen.

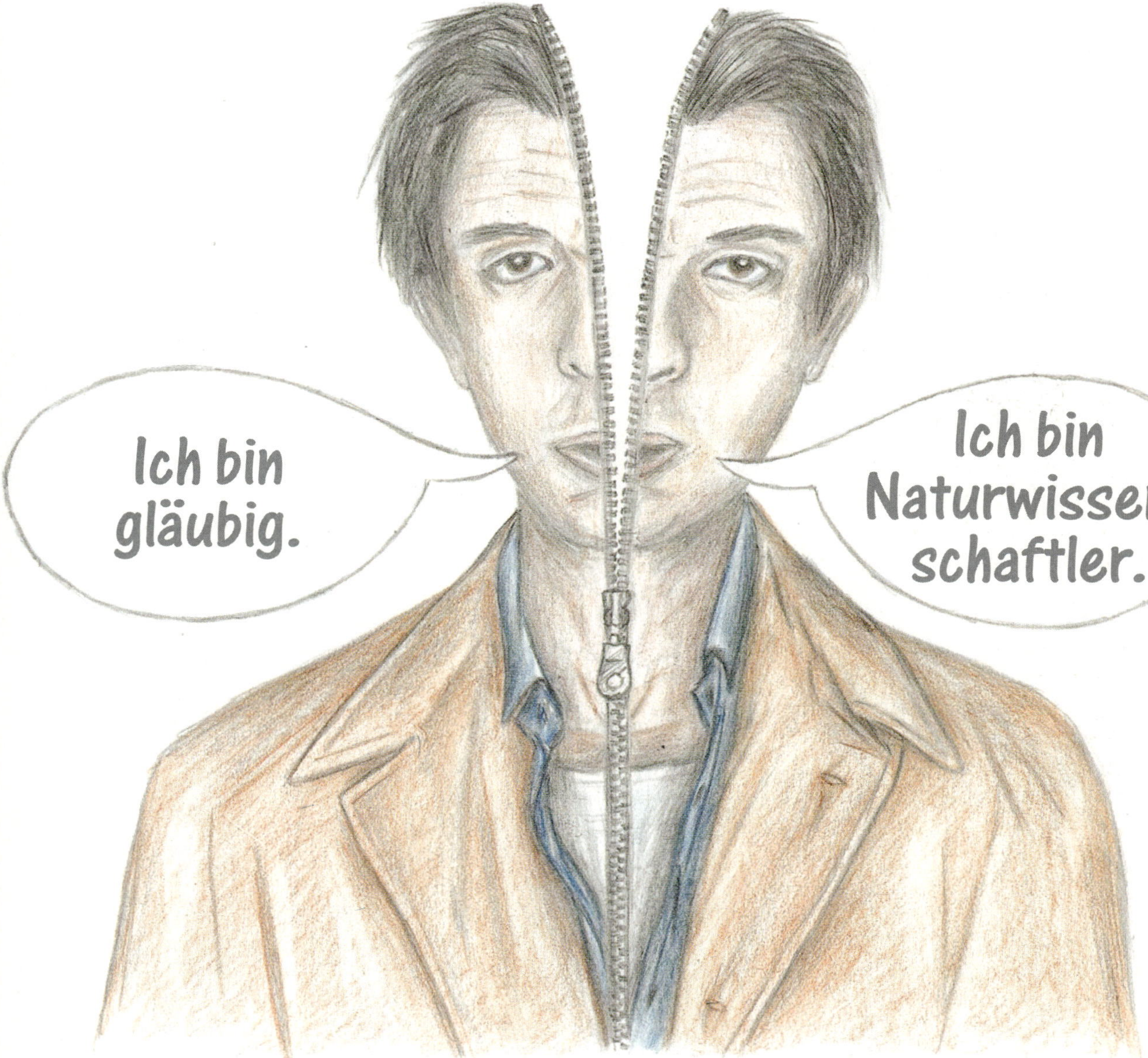

- Beschreibt das Problem, auf das diese Zeichnung hinweist. Überlegt, was für euch selbst daran wichtig ist.

Antoine de Saint-Exupéry
wurde 1900 in Frankreich geboren. Er war Flieger und flog die Linie Toulouse – Casablanca.
Im Zweiten Weltkrieg wanderte Saint-Exupéry in die USA aus. Hier entstand sein Buch „Der kleine Prinz“, eines der meistgelesenen Bücher der Welt.
Es erzählt die Geschichte eines kleinen Jungen, der seinen Heimatplaneten verlässt und eine Reise zu fremden, einsamen Planeten im All unternimmt, wo er einige wunderliche Gestalten trifft.

Der Leser erfährt, wie man einen Freund gewinnt, wie man sich umeinander sorgen muss, was es mit der Eifersucht auf sich hat, wie es sich anfühlt, wenn man sich trennen muss, und warum das eigentlich nur ein kleines bisschen traurig ist.
Eigentlich ist das Geheimnis ganz einfach ...
Einmal begegnet der kleine Prinz einem Fuchs, mit dem er über seine Rose spricht.

Die eigene Perspektive finden

Der kleine Prinz und die Rose

„Geh die Rosen wieder anschauen. Du wirst begreifen, dass die deine einzig ist in der Welt.

Du wirst wiederkommen und mir adieu sagen, und ich werde dir ein Geheimnis schenken.“

Der kleine Prinz ging, die Rosen wiederzusehn:

„Ihr gleicht meiner Rose gar nicht, ihr seid noch nichts“, sagte er zu ihnen. „Niemand hat sich euch vertraut gemacht, und auch ihr habt euch niemandem vertraut gemacht. Ihr seid, wie mein Fuchs war. Der war nichts als ein Fuchs wie hunderttausend andere. Aber ich habe ihn zu meinem Freund gemacht, und jetzt ist er einzig in der Welt.“

Und die Rosen waren sehr beschämt.

„Ihr seid schön, aber ihr seid leer“, sagte er noch. „Man kann für euch nicht sterben. Gewiss, ein Irgendwer, der vorübergeht, könnte glauben, meine Rose ähnle euch. Aber in sich selbst ist sie wichtiger als ihr alle, da sie es ist, die ich begossen habe. Da sie es ist, die ich unter den Glassturz gestellt habe. Da sie es ist, die ich mit dem Wandschirm geschützt habe. Da sie es ist, deren Raupen ich getötet habe (außer den zwei oder drei um der Schmetterlinge willen). Da sie es ist, die ich klagen oder sich rühmen gehört habe oder auch manchmal schweigen. Da es meine Rose ist.“

Und er kam zum Fuchs zurück:

„Adieu“, sagte er ...

„Adieu“, sagte der Fuchs. „Hier mein Geheimnis. Es ist ganz einfach: Man sieht nur mit dem Herzen gut. Das Wesentliche ist für die Augen unsichtbar.“

„Das Wesentliche ist für die Augen unsichtbar“, wiederholte der kleine Prinz, um es sich zu merken.

„Die Zeit, die du für deine Rose verloren hast, sie macht deine Rose so wichtig.“

„Die Zeit, die ich für meine Rose verloren habe ...“, sagte der kleine Prinz, um es sich zu merken.

„Die Menschen haben diese Wahrheit vergessen“, sagte der Fuchs. „Aber du darfst sie nicht vergessen. Du bist zeitlebens für das verantwortlich, was du dir vertraut gemacht hast. Du bist für deine Rose verantwortlich ...“

„Ich bin für meine Rose verantwortlich ...“, wiederholte der kleine Prinz, um es sich zu merken.

Antoine de Saint-Exupéry

Schöpfungsglaube ist etwas anderes als das,
was die Naturwissenschaft von der Entstehung
der Welt sagen kann.
Man kann Brot und Arbeit, Blumen und Schlaf,
Liebe und Freude, Angst und Träume
mit den Formeln der Wissenschaft beschreiben.

Aber der Hungrige, der das Brot isst,
das Kind, das sich über die Blume freut,
das Mädchen, das über beide Ohren verliebt ist,
die Frau, die Angst vor den Nachbarn hat –
sie alle werden etwas anderes erzählen.

- Erklärt, warum für den kleinen Prinzen seine Rose im Vergleich zu allen anderen Rosen etwas ganz Besonderes ist.
- Der Fuchs sagt, dass die wesentlichen Dinge im Leben für das Auge unsichtbar seien. Wie meint er das?
- Sucht euch einen Partner oder eine Partnerin und wählt für euch eine der folgenden Aufgaben:
  - Schreibt die Gedanken eines Jungen auf, der die Rose seiner Freundin schenken will.
  - Formuliert die Gedanken der Gärtnerin, die sie gepflanzt hat und wachsen ließ.
  - Stellt euch vor, ihr wäret ein Dichter. Schreibt ein Gedicht über die Rose.
  - Erfindet als Werbetexter einen Werbetext, weil ihr sie verkaufen wollt.
  - Als Pflanzenkundler sollt ihr die Rose beschreiben und einordnen.
  - Versucht sie als Maler künstlerisch abzubilden.
  - . . .

  Wer hat die Rose wirklich erfasst?
- Enthält die Geschichte vom kleinen Prinzen eine Wahrheit?
- Wie versteht ihr die folgende Aussage: „Die Bibel ist kein wissenschaftliches Lehrbuch und darf nicht als solches missverstanden werden.“? Zieht dazu auch das letzte Kapitel in diesem Buch heran.

587 v. Chr. eroberten die Babylonier Jerusalem
und zerstörten den Tempel.
Die Israeliten wurden nach Babylon verschleppt
und mussten dort Zwangsarbeit leisten.
Im babylonischen Exil entstand die Priesterschrift.
Die Geschichte vom Anfang, die davon erzählt,
dass Gott Himmel und Erde, die ganze Welt erschuf,
steht auch in unserer Bibel ganz am Anfang.

Exil bedeutet
Verbannung, Verbannungsort.

Die Priesterschrift enthält Geschichten,
die die Priester Israels um 555 v. Chr.
aufgeschrieben haben.

Glauben – sich in der Welt orientieren

Schöpfungsmythen

„Kannst du dich eigentlich noch an unser Gespräch in Griechenland erinnern?", erkundigte sich Jule, als sie mit Jan wieder einmal in ihrem Zimmer hockte. Sie hatten gerade gemeinsam die Aufgaben für Mathe und Französisch gemacht.
„Worüber willst du heute diskutieren, wieder über Gott und die Wahrheit?" Jan machte ein Gesicht, als hätte er gerade in einen sauren Apfel gebissen.
„Warum nicht? Findest du das Thema denn nicht interessant und spannend?", fragte sie zurück. Sie hob neben ihrem Schreibtisch einen Stapel Bücher auf und legte ihn vor Jan auf den Tisch. Das Buch obenauf trug den Titel „Die Schöpfungsmythen".

„Ich habe mir in der Schulbibliothek ein paar Bücher besorgt und inzwischen einiges gelesen. Weißt du eigentlich, was ein Mythos ist?"

Jule blieb hartnäckig, während Jans Gesichtsausdruck unverändert war.

„Keine Ahnung", sagte er und zeigte deutlich sein mangelndes Interesse. „Muss man das denn wissen?"

„Jedenfalls bringt es uns ein Stück weiter bei unserer Frage, ob das stimmt, was die Bibel über die Schöpfung sagt." Jule richtete sich auf, als wollte sie einen Vortrag halten.

„Zu den Mythen gehören Erzählungen, Geschichten, die davon berichten, wie alles angefangen hat, wie die Welt geschaffen wurde und welche Rolle die Götter dabei gespielt haben. Bei den meisten Völkern gab es solche Mythen, die erklären wollen, woher die Welt kommt und wie sie entstanden ist. Man könnte auch sagen, es handelt sich um Geschichten vom Anfang, um Antwortgeschichten auf die Frage nach dem Woher."

„Dann sind die Schöpfungsgeschichten der Bibel also doch erfunden?!", meinte Jan.

„So einfach ist das nicht. Natürlich sind das keine Texte für ein naturwissenschaftliches Lehrbuch. Es sind die Antwortgeschichten der Israeliten. Andere Erzählungen gibt es von den Ägyptern, den Isländern, den Kanaanäern, den Griechen ..., besonders bekannt ist der Text der Babylonier: Enuma Elisch."

„Den kennen wir doch, der steht in unserem Relibuch", erinnerte Jan sich. „Da haben sich die Götter gegenseitig abgeschlachtet, bis einer als Sieger hervorging. Wie hieß der noch?"

„Der Gott heißt Marduk, er hat das Urmeer, die Göttin Tiamat, bezwungen und die Menschen erschaffen."

„Stimmt. Das war eine richtige Horrorgeschichte."

„Die Babylonier haben damit ihren Glauben an ihren starken Gott Marduk ausgedrückt, der die Welt aus dem erschlagenen Körper der Urgöttin gebaut hat. Sie verehrten auch andere Gottheiten, zum Beispiel Sonne und Mond, aber er war der starke Held. An jedem Neujahrsfest im Frühjahr wurde der Enuma Elisch vorgetragen, wenn im Frühling die Kräfte des wiederkehrenden Lebens sichtbar wurden. Mit ihm orientierten sich die Babylonier in der Welt, in der sie lebten. Als ihre Soldaten Jerusalem zerstört hatten und viele Gefangene zur Zwangsarbeit nach Babylon brachten, huldigten sie Marduk als dem Siegergott, der stärker war als alle anderen Götter."

„Und die Israeliten?", fragte Jan. „Sie hätten doch an ihrem Gott JHWH zweifeln müssen?"

„Das taten auch viele. Deshalb brauchten sie für ihren Glauben auch eine solche Orientierung. Erkennbar wird das z. B. an der ersten Schöpfungserzählung, dem Werk der sieben Tage. Priester haben sie im Exil in Babylon aufgeschrieben."

- Lest Genesis 1,1–2, 4a und den Schöpfungsmythos der Babylonier „Enuma Elisch" („Als droben …". Mit diesen Worten beginnt die Schöpfungserzählung).
- Untersucht, wie jeweils die Welt erschaffen wurde.
- Inwiefern konnte der biblische Schöpfungstext eine Glaubenshilfe für die Israeliten sein?

Der Mythos (Erzählung, Aussage) ist eine Erklärungsgeschichte; er spricht häufig in Bildern und will anschaulich etwas Wahres und Gültiges über den Menschen erzählen, wie er in der Welt lebt und welches Verhältnis er zu Gott hat.

Der babylonische Gott Marduk, der die Urgöttin, den Drachen Tiamat, besiegt hat, gleitet auf dem Urmeer. Die Herrschaftssymbole Zepter und Ring in den Händen wird er dargestellt als König. Der baylonische König (und nur er) galt als Ebenbild des Gottes Marduk.

Klage der Gefangenen zu Babel

An den Wassern zu Babel
saßen wir und weinten,
wenn wir an Zion gedachten.

Unsere Harfen hängten wir
an die Weiden dort im Lande.
Denn die uns gefangen hielten,
hießen uns dort singen
und in unserm Heulen fröhlich sein:
„Singet uns ein Lied von Zion!"

Wie könnten wir des HERRN Lied singen
im fremden Lande?

Vergesse ich dich, Jerusalem,
so verdorre meine Rechte.
Meine Zunge soll
an meinem Gaumen kleben,
wenn ich deiner nicht gedenke,
wenn ich nicht lasse Jerusalem
meine höchste Freude sein.

Psalm 137,1–6

Auf dem Berg Zion in Jerusalem stand der jüdische Tempel. – Der Psalmbeter meint hier aber das ganze Jerusalem.

- Stellt euch vor, ihr gehörtet zu den Israeliten, die nach Babylon verschleppt wurden. In welchen Konflikten würdet ihr euch befinden? Schreibt einen kurzen Tagebucheintrag darüber.

Weltbilder wollen ausdrücken, was die Menschen einer Zeit über die Natur wissen, wie sie das Göttliche erleben und welche Stellung sie sich selbst im Ganzen der Welt und in ihrer jeweiligen Gesellschaftsform einräumen.
Veränderungen in der Religion, Politik oder in der Natur wirken sich auf das Weltbild aus.

Ein Weltbild gibt Orientierung und Sicherheit. Wenn man weiß, was „oben“ und „unten“, „links“ und „rechts“ ist, kann man sich in der Welt besser einrichten.

Weltbilder und ihre Veränderung erkennen

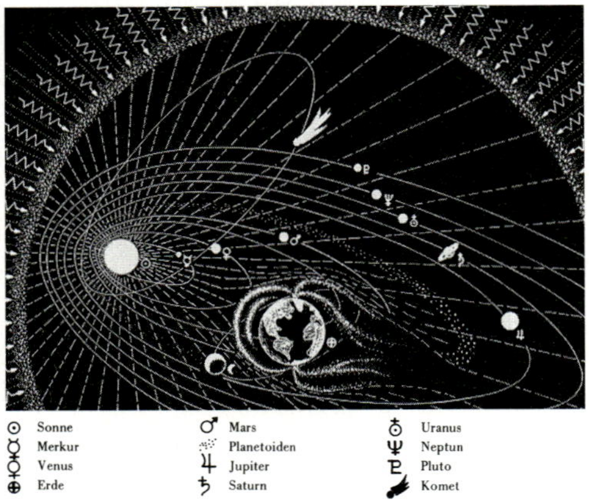

①

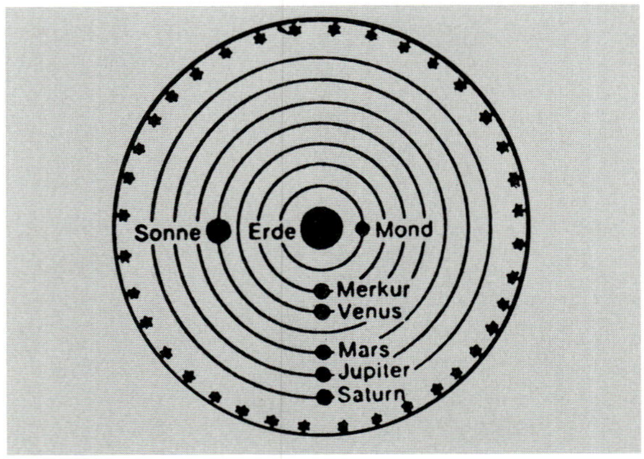

②

③

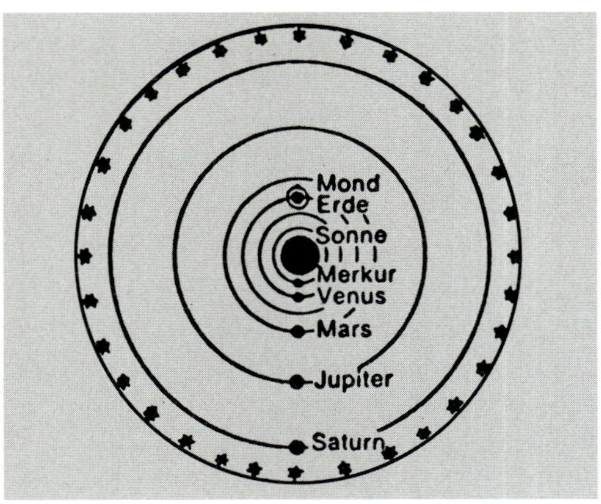

④

⑤

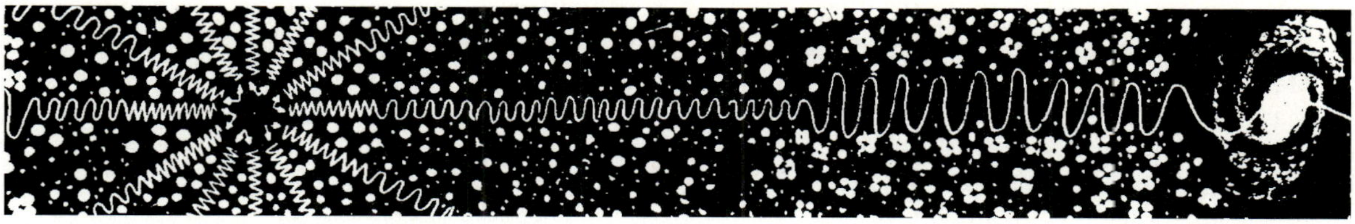

0 10^4 Sek. 1 Sek. 10^5 Jahre 10^9 Jahre

Menschen machen sich Bilder

- Das *altorientalische Weltbild,* das auch den biblischen Schöpfungserzählungen zu Grunde liegt, geht von dem aus, was die damaligen Menschen von der Welt sehen, wahrnehmen konnten. Wie eine halbkugelförmige Glocke scheint sich der Himmel über der Erde zu wölben. Über dieser Feste des Himmels befindet sich die Urflut. Sie umspült auch die Erde, die als Scheibe dargestellt ist. Wenn es regnet, öffnen sich die „Fenster des Himmels".
Die Gestirne, Sonne, Mond und Sterne, sind am „Firmament" (lat.: Feste) angeheftet. Die Erde ruht auf Säulen und wird so gehalten.

- Das *ptolemäische Weltbild* geht auf den berühmtesten Astronomen (Sternforscher) des Altertums Ptolemäus zurück, der von 70–147 n. Chr. lebte. Die Erde steht für ihn im Mittelpunkt des Weltsystems, um sie herum kreisen die Planeten, der Mond und die Sonne.
Diese Vorstellung von der Erde als Mittelpunkt der Schöpfung galt bis ins hohe Mittelalter. Man nennt sie auch das geozentrische Weltbild.

geozentrisch:
die Erde als Mittelpunkt
betrachtend

- Das *kopernikanische Weltbild* rüttelte an diesem Jahrhunderte alten Glauben. 1513 entdeckte der Domherr Nikolaus Kopernikus nämlich, dass nicht die Erde, sondern die Sonne im Mittelpunkt unseres Sternensystems steht. Diese Auffassung (auch „heliozentrisches Weltbild" genannt) führte zu heftigsten Auseinandersetzungen mit der Kirche, die von der zentralen Stellung der Erde und des Menschen in der Schöpfung nicht abrückte.
Die Beobachtungen Galileo Galileis bestätigten etwa einhundert Jahre später die Entdeckungen des Kopernikus.

heliozentrisch:
die Sonne als
Weltmittelpunkt
betrachtend

- Das *naturwissenschaftliche Weltbild* der Gegenwart ist nicht einheitlich und wird immer komplizierter. Sicher ist die Vorstellung, dass unsere Erde nur einer von mehreren Planeten ist, die sich in elliptischen Bahnen um die Sonne bewegen. Die Sonne wiederum bildet mit Milliarden anderer Sonnen unser Milchstraßensystem. Dessen Ausdehnung können wir uns gar nicht mehr vorstellen. Man geht von einhunderttausend Lichtjahren Durchmesser aus. Milchstraßensysteme nennt man auch Galaxien. Man nimmt an, dass es viele Milliarden solcher Galaxien (Weltinseln) gibt.

- Ordnet die Texte den einzelnen Abbildungen zu.
- Legt in eurem Heft eine Tabelle an, in die ihr folgende Jahreszahlen untereinander schreibt und dahinter das jeweils gültige Weltbild notiert:
600 v. Chr.: – 140 n. Chr.: – 1513 n. Chr.: – 2000 n. Chr.: – 3500 n. Chr.:

Der berühmte Dichter Bertolt Brecht (1898-1956) ist Autor zahlreicher Gedichte und Stücke und auch theoretischer Schriften über das Theater.
Was bei Brecht so außerordentlich tief beeindruckt: Er kämpfte zeitlebens für eine bessere, gerechtere, menschlichere Welt. Das Theaterstück „Leben des Galilei" schrieb Brecht 1938/39 im Exil.

Im Studierzimmer des Galilei

Sechzehnhundertzehn, zehnter Januar:
Galileo Galilei sah, dass kein Himmel war.
Studierzimmer des Galilei in Padua
Nacht. Galilei und Sagredo in dicke Mäntel gehüllt, am Fernrohr.

Galilei: Sagredo, ich frage mich. Da ist der Jupiter. (Er stellt ihn ein.) Da sind nämlich vier kleinere Sterne nahe bei ihm, die man nur durch das Rohr sieht. Ich sah sie am Montag, nahm aber nicht besonders Notiz von ihrer Position. Gestern sah ich wieder nach. Ich hätte schwören können, alle vier hatten ihre Position geändert. Ich merkte sie mir an. Sie stehen wieder anders. Was ist das? Ich sah doch vier. (In Bewegung) Sieh du durch!
Sagredo: Ich sehe drei.
Galilei: Wo ist der vierte? Da sind die Tabellen. Wir müssen ausrechnen, was für Bewegungen sie gemacht haben können. (Sie setzen sich erregt zur Arbeit. Es wird dunkel auf der Bühne, jedoch sieht man weiter am Rundhorizont den Jupiter und seine Begleitsterne. Wenn es wieder hell wird, sitzen sie immer noch, mit Wintermänteln an.)
Galilei: Es ist bewiesen. Der vierte kann nur hinter den Jupiter gegangen sein, wo man ihn nicht sieht. Da hast du ein Gestirn, um das ein anderes sich dreht.
Sagredo: Aber die Kristallschale, an die der Jupiter angeheftet ist?
Galilei: Ja, wo ist sie jetzt? Wie kann der Jupiter angeheftet sein, wenn andere Sterne um ihn kreisen? Da ist keine Stütze im Himmel, da ist kein Halt im Weltall! Da ist eine andere Sonne!
Sagredo: Beruhige dich, du denkst zu schnell.
Galilei: Was, schnell! Mensch, reg dich auf! Was du siehst, hat noch keiner gesehen. Sie hatten recht.
Sagredo: Wer? Die Kopernikaner?
Galilei: Die ganze Welt war gegen sie, und sie hatten recht.
Sagredo: Galilei, du sollst dich beruhigen!
Galilei: Sagredo, du sollst dich aufregen!
Sagredo: Willst du aufhören, wie ein Narr herumzubrüllen?
Galilei: Willst du aufhören, wie ein Stockfisch dazustehen, wenn die Wahrheit entdeckt ist?
Sagredo: Ich stehe nicht wie ein Stockfisch, sondern ich zittere, es könnte die Wahrheit sein.
Galilei: Was?
Sagredo: Hast du allen Verstand verloren? Weißt du wirklich nicht mehr, in was für eine Sache du kommst, wenn das wahr ist, was du da siehst? Und du es auf allen Märkten herumschreist: dass die Erde ein Stern ist und nicht der Mittelpunkt des Universums; dass da kein Auge auf uns liegt!
Galilei: Ja, und dass nicht das ganze riesige Weltall mit allen Gestirnen sich um unsere winzige Erde dreht, wie jeder sich denken konnte.
Sagredo: Dass da also nur Gestirne sind im Weltall! – Und wo ist dann Gott?
Galilei: Was meinst du damit?
Sagredo: Gott! Wo ist Gott?
Galilei (zornig): Dort nicht! So wenig wie er hier auf der Erde zu finden ist, wenn dort Wesen sind und ihn hier suchen sollten!
Sagredo: Und wo ist also Gott?
Galilei: Bin ich ein Theologe? Ich bin Mathematiker.
Sagredo: Vor allem bist du ein Mensch. Und ich frage dich, wo ist Gott in deinem Weltsystem?
Galilei: In uns oder nirgends.

Galileo Galilei 1564–1642	Er wurde in Pisa geboren, wo er auch studierte und später Mathematik lehrte. Anschließend erhielt er einen Lehrstuhl an der Universität Padua.
Mathematiker	Mit Hilfe seines Fernrohres gewann Galilei ein neues Bild von der Welt.
Wissenschaftler	Er lehrte wie Kopernikus, dass sich die Erde um die Sonne dreht, und verstieß damit gegen die damalige
Philosoph	kirchliche Lehre.

- Galileis Forschungen haben ein anderes Weltbild zur Folge. Erklärt den Unterschied zum alten Weltbild.
- Zeigt am Verhalten Sagredos, wie sich das neue Weltbild auf den Menschen auswirkte.
- Galilei gewann eine neue Perspektive mit Hilfe seines Fernrohrs. Wissenschaftliche Erkenntnisse sind immer auch abhängig vom technischen Fortschritt. Wodurch gelangen Forscher heute zu einer Veränderung ihres Weltbildes?

Lange Zeit galten der Glaube an einen Schöpfergott und die Aussagen der Naturwissenschaft als unvereinbar. Ihr Verhältnis war bestimmt durch Begriffe wie „Kampf gegeneinander", „Konfrontation", „Konkurrenz". Dann hat man begriffen, dass Naturwissenschaft und Schöpfungsglaube gar keine Konkurrenten sind, sondern zwei verschiedene, sich ergänzende Arten des Nachdenkens und Redens über das Leben.

Die neuesten Forschungen haben auch für die Physik die Annahme eines Gottes wieder denkmöglich gemacht und eine neue Offenheit der Religion und auch dem Gottes- und Schöpfungsgedanken gegenüber ermöglicht.

... und heute?

Woher kommt das Universum?

Dienstag, 10. April, 4. Stunde. Alle neunten Klassen des Carl-Duisberg-Gymnasiums sitzen in der Aula und diskutieren mit zwei Wissenschaftlern, einem Physiker und einem Theologen, über das Thema „Zwischen Schöpfungsglauben und Naturwissenschaft".

Petersen: Liebe Schülerinnen und Schüler, mein Name ist Knut Petersen, ich bin Physiker und möchte gemeinsam mit euch und meinem Kollegen, dem Theologen Professor Mertens, nachdenken über eine Frage, die wir uns in unserem Alltag nicht ständig stellen, die aber immer wieder auftaucht, die uns fasziniert und auch beunruhigt: Woher kommt das ganze Universum und mit ihm unsere Welt? Gibt es einen Grund dafür, dass es überhaupt etwas gibt? Ich schlage vor, dass wir miteinander ins Gespräch kommen, indem ihr eure Fragen stellt.

Kai Spitzer: *Die bekannteste naturwissenschaftliche Hypothese über die Entstehung des Universums ist die Urknalltheorie. Können Sie uns diese mal erklären?*

Petersen: Ich will es versuchen. Die Theorie vom Urknall ist die aktuellste; sie geht auf die Beobachtung zurück, dass sich das Weltall ständig ausdehnt. Wir beobachten, dass ferne Galaxien, die sehr weit von uns entfernt sind, sich immer weiter von uns entfernen.

Kai: *Was ist denn überhaupt eine Galaxie?*

Petersen: Galaxien sind Sternnebel, Millionen von kleinen Sonnen, die von weitem aussehen wie helle Wölkchen. Auch unsere Milchstraße ist eine solche Galaxie. Von der Beobachtung unserer Nachbargalaxie, dem Andromedanebel, wissen wir: Galaxien sehen aus wie Wirbel oder Strudel, sie sind wahrscheinlich ganz flach. Man wird an einen Whirlpool erinnert oder an den Strudel in einer auslaufenden Badewanne. Diese Strudel dehnen sich also immer weiter aus. Stellt euch mal mal vor, ihr würdet von einem hohen Turm eine riesige Menschenmenge beobachten, die auseinander strömt, z. B. nach einem Fußballspiel in einem großen Stadion. Man könnte leicht feststellen, von welchem Zentrum die Menschen weg streben. Man könnte sogar den Zeitpunkt schätzen, zu dem sie begonnen haben, auseinander zu gehen. Ähnlich sehen die Forscher unser Weltall. Sie nehmen an, dass das Weltall ein explodierender Feuerball ist. Und wenn das so ist, dass es sich als explodierender Feuerball immer weiter ausdehnt, dann muss es logischerweise einmal ganz klein gewesen sein. Das führt zur Urknalltheorie, die besagt, dass vor ungefähr 15 Milliarden Jahren das Weltall praktisch in einem Punkt konzentriert war.

Jule: *In der Bibel steht, dass Gott die Welt aus dem Nichts geschaffen hat. Könnten nicht Urknalltheorie und Schöpfungsgeschichte sogar zusammenpassen?*

Mertens: Manche Vorstellungen halten das für möglich. Wenn die Bibel davon spricht, dass Gott die Welt aus dem Nichts geschaffen hat, dann heißt das ja, dass es die Welt nicht immer, sondern erst seit begrenzter Zeit gibt und dass sie nicht aus etwas anderem entstanden ist. Und diese Schöpfung Gottes wird fortgesetzt. Der christliche Glaube geht nämlich nicht davon aus, dass Gott am Anfang irgendetwas macht – und dann geht das von alleine weiter. Nach dem Motto: Gott macht eine Uhr, zieht sie auf, lässt sie laufen und geht dann in Pension. Aus der Sicht der Bibel ist es so, dass Gott, der die Welt geschaffen hat, als Schöpfer weiter handelt. Er ist bei seinem Volk, er rettet es aus der Gefangenschaft, er schließt einen Bund mit dem Volk Israel. – Auch Jesus zeigt, wie die Schöpfung weiter geht. Er kümmert sich um die Kranken, die Armen und Unterdrückten und spricht ihnen Mut zu. Schöpfung bedeutet: Gott tritt für das Leben ein, durch Menschen, auch durch uns.

Bild 1: So stellt man sich heute in den Naturwissenschaften die Entstehung des Universums vor: Raum und Zeit begannen mit einem Urknall. Mit der Ausdehnung kühlte sich das Universum ab, nach 300 000 Jahren auf etwa 6000 Grad. Nach weiteren Milliarden Jahren und stärkerer Abkühlung bildeten sich Moleküle – die Grundlage für die Entstehung des Lebens.

Bild 2: Sterne in unserer Milchstrasse. Die Galaxien im Universum entfernen sich aufgrund des Urknalls ständig weiter voneinander. Wie schnell das erfolgt, darüber sind sich die Wissenschaftler nicht ganz einig.

Bild 3: Das ist die bisher älteste Galaxie, die Menschen beobachten konnten. Vor 14 Milliarden Jahren wurde dieses Licht auf die Reise geschickt – zeitlich nahe am Urknall.

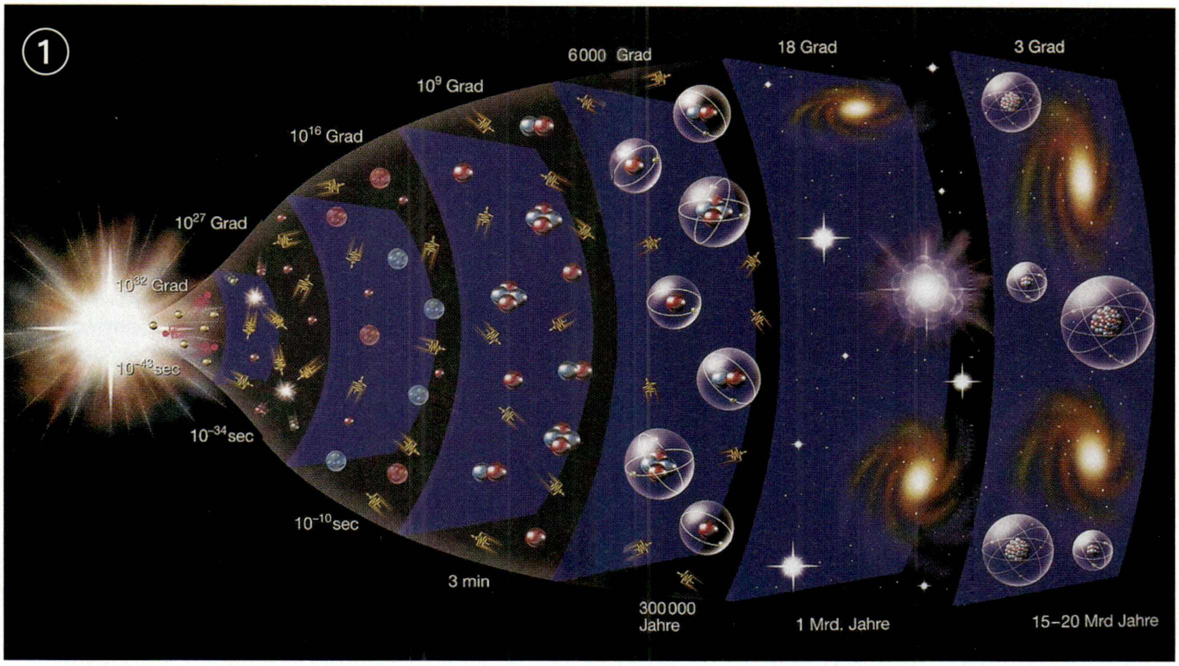

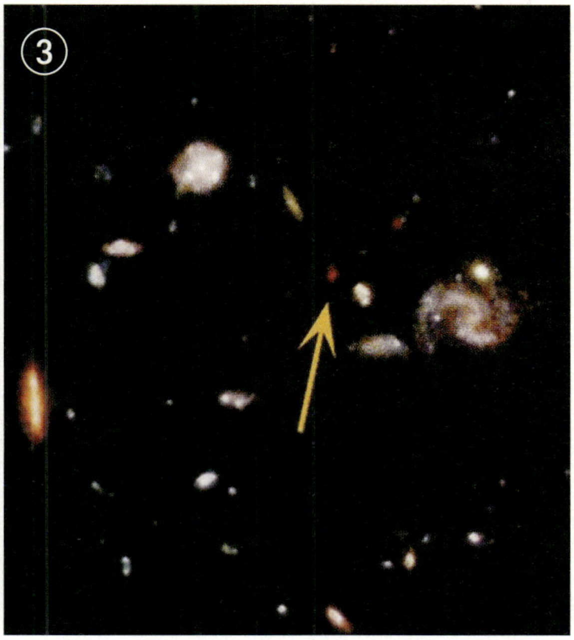

Das Universum zeigt sich in einer verwirrenden Vielfalt. Naturwissenschaftler suchen nach einfachen Gesetzmäßigkeiten, um alles überschaubarer zu machen. Eine einzige Theorie aufzustellen, die die Welt umfassend beschreibt, ist der Traum der Physiker.

Spiralgalaxie; sie hat deutlich sichtbare Arme und einen kompakten Kern.

Zwischen Schöpfungsglauben und Naturwissenschaft

Jule: *Wenn man wissen will, ob die Welt eine Schöpfung ist, dann fragt man doch eigentlich: Was hat die Welt mit Gott zu tun? Was irgendwann einmal vor 15 Milliarden Jahren war, kann ich mir doch gar nicht vorstellen. Das kann mir doch eigentlich völlig egal sein. Wichtig für mich ist doch, ob sich für mein Leben und Handeln etwas ändert, wenn ich an Gottes Schöpfung glaube. Eine physikalische Theorie, ob Urknall oder nicht, sagt mir doch zum Beispiel überhaupt nichts darüber, wie ich mit den Bäumen da draußen umgehen darf.*

Mertens: So denken viele und durchaus mit einer gewissen Berechtigung. Andererseits hat sich in den letzten Jahren in der Mathematik und der Physik viel verändert. Auch das naturwissenschaftliche Weltbild enthält Vorstellungen, die manchen Gedanken des christlichen Glaubens sehr nahe kommen.

Petersen: Das ist richtig. Man kann sogar sagen, die Weltbilder der Naturwissenschaft sind stark im Fluss. Das hat ein umfassendes Nachdenken über Natur und Geist ausgelöst.

Lennart Nacke: *Was kann uns denn die Wissenschaft mit Bestimmtheit über die Welt sagen?*

Petersen: Naturwissenschaftler versuchen, sich ein Bild von der Welt zu machen. Dieses Bild ist nicht vollständig, es besteht aus vielen Teilbildern vom Universum, die wir mit unserem praktischen Menschenverstand gar nicht fassen können. Die Theorien über die Vorgänge in der Natur zeigen uns, dass nicht alles so einfach ist, wie wir es gern hätten. Es gibt zum Beispiel Theorien, die sagen, es gäbe nicht nur drei Dimensionen, sondern Räume mit vier, sechs oder neun Dimensionen.

Jan: *Als mein Opa gestorben ist, sagte der Pfarrer zu uns: Euer Großvater ist jetzt bei Gott. Könnte nicht eine dieser Dimensionen, von denen die Naturwissenschaft spricht, auch ein Jenseits sein, etwas, wo man sich ein Leben nach dem Tod vorstellen könnte?*

Petersen: Ob es wirklich eine fünfte oder sechste Dimension gibt, weiß niemand. Das ist auch in der Naturwissenschaft nur eine Spekulation, eine bloße Vermutung.

Mertens: Was uns nach dem Tod erwartet, wissen wir nicht. Wir können nur sagen: Wir werden bei Gott sein. Das ist die Gewissheit unseres Glaubens und unserer Hoffnung. Mehr konnte der Pfarrer nicht sagen, als dein Opa gestorben ist, aber auch nicht weniger: Wenn wir sterben, so glauben und hoffen wir, werden wir bei Gott sein.

Petersen: Vielleicht sollte ich zum Abschluss doch noch Folgendes anmerken: Für manchen mag es so scheinen, als könnten die Naturwissenschaften alles erklären. Aber sie erheben überhaupt nicht den Anspruch, die Vielfalt, die die Natur bietet, vollständig zu beschreiben. Vieles lässt sich nur in Bildern und Modellen fassen wie z. B. in der Modellvorstellung von den „Strings“. Manches erscheint uns dabei plausibel und manches eben nicht. Insofern ist der Glaube an die Naturwissenschaft in vielen Bereichen letztlich eben auch ein Glaube.

Und noch eins möchte ich hinzufügen: Wir Naturwissenschaftler machen keinerlei Aussagen über das, was unser Leben so reich macht, was uns so wichtig ist, dass wir ständig darüber nachdenken und uns mit anderen austauschen. Das, was wir erleben, was wir fühlen und glauben, Liebe und Freundschaft, Freude und auch Angst kommen in der Sprache der Naturwissenschaft nicht vor. Und deshalb darf man auch nicht zu viel von ihr erwarten.

- Seht euch noch einmal die Abbildung auf S. 53 an. Schreibt eine kurze Stellungnahme zu der Frage, warum moderne Menschen an Gott den Schöpfer glauben können.

Antoni Tápies, 1985

- Schaut euch das Bild an. Nehmt euch Zeit dazu.
- Welche Gefühle, welche Stimmung ruft das Bild hervor?
- Woran erinnert euch das Bild?
- Was könnte das Bild bedeuten? Findet einen Titel.
- Stellt euch selbst in das Bild. Wo würdet ihr stehen?

Kinderwelten

Nach einem strengen Gericht Gottes über Jerusalem verkündet der Prophet Sacharia wieder Hoffnung für die geschlagene Stadt. In Bildern spricht er davon, wie künftig wieder ein Leben aussehen könnte, das Gott gefällt.

> DIE PLÄTZE DER STADT
> SOLLEN VOLL SEIN
> VON KNABEN
> UND MÄDCHEN,
> DIE DORT SPIELEN.
>
> Sacharja 8,5

SPART NICHT
AN UNSERER
ZUKUNFT

■ Im Jahr 1999 waren für die Zeitschrift „Eltern“ 1823 Kinder darüber interviewt worden, was sie Jesus fragen würden.
Die drei wichtigsten Fragen lauteten:

1. Warum lässt du das Böse zu?	**(68,5 %)**
2. Warum gibt es reich und arm?	**(53,4 %)**
3. Tu was für Arbeitslose!	**(45,4 %)**

Kinder fragen nach Gott und der Gerechtigkeit

Wieso? Weshalb? Warum?

Frank Mühring, Kindergottesdienstbeauftragter der Bremischen Evangelischen Kirche, versucht Antworten auf einige der Kinderfragen zu finden:

Liebe Kinder,

es überrascht mich nicht, dass bei euch die Frage nach dem Bösen ganz oben auf der Liste steht. Ihr wollt Jesus sagen: Du stehst doch auf der Seite des lieben Gottes! Warum passiert dann so viel Böses in unserer Stadt? „Warum musste mein Vater schon so früh sterben?“, fragte ein Schüler, zwölf Jahre. „Womit haben wir Menschen den Krieg verdient?“, wollte ein Mädchen, 13 Jahre, wissen. Der gute Jesus und das Böse – das passt in euren Augen nicht zusammen. Ihr wollt erfahren: Ist Gott etwa nicht lieb? Vielleicht würde Jesus euch heute antworten: Gott ist gut, echt gut! Aber seine Stärke ist anders als die Macht von Menschen. Wenn Menschen leiden, leidet er mit. Und ich auch. Wie Gott bin auch ich immer auf der Seite derer, denen Leid und Unrecht geschieht. Ich erinnere mich, wie ein Mädchen, zehn Jahre alt, einmal im Kindergottesdienst bei uns sagte: „Wir kriegen von Gott nicht auf jede Frage gleich eine Antwort. Aber in unserem Leben – später – antwortet Gott uns.“ Eine bessere Antwort auf die Frage nach dem Übel habe ich seitdem nicht gefunden.

Jesus würde euch vielleicht antworten: In der Welt gibt es Arm und Reich. Fragt ihr warum, so liegt es daran, dass es zwei große Klassen gibt: Die einen haben mehr Essen als Appetit, die anderen mehr Appetit als Essen. Bei euch Christen soll es nicht so sein. Ihr sollt mit jedem Menschen so umgehen wie mit eurem besten Freund: und mit ihm teilen, was ihr besitzt.

Mit vielen Grüßen aus Bremen
Euer
Frank Mühring

- Überzeugt euch der Antwortbrief?
- Welche Fragen würdet ihr an Jesus richten?

- Legt eine Übersicht an, in der ihr Alejandros Tagesablauf und euren eigenen festhaltet. Welche Beobachtungen macht ihr?

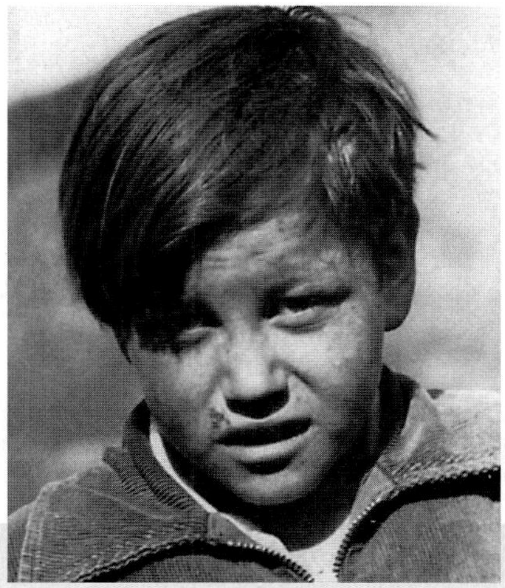

Alejandro, zwölf Jahre, Steinbrucharbeiter

Alejandro zupft sich seine Jacke zurecht und macht ein ernstes Gesicht.
„Ich frage dich, wie du heißt und wie alt du bist?"
„Ich heiße Alejandro und bin zwölf Jahre alt."
„Was arbeitest du?"
„Ich arbeite im Steinbruch, und manchmal säge ich auch Feuerholz klein zum Verkaufen."
„Das ist Schwerstarbeit."
„Klar, arbeite du mal mit dem Steinhammer oder der Drummsäge! Das ist immer schwer."
„Wann fängst du mit deiner Arbeit an?"
„Wir fangen hier alle zwischen sechs und sieben Uhr morgens an und schaffen bis fünf Uhr nachmittags."
„Und wie viel bezahlt man dir für deine Arbeit?"
„Das hängt ganz davon ab. Carlo zum Beispiel verdient bei seiner Arbeit tausendsechshundert Pesos."
„Welche Arbeit macht er?"
„Der hat eine Stelle auf dem Bau. Beton mischen, Steine und Ziegel schleppen, alles, was auf dem Bau so anfällt."
„Sind die tausendsechshundert Pesos sein Monatslohn?"
„Nein, für zwei Wochen Arbeit. Sie zahlen ihn alle zwei Wochen aus."
„Und alle hier verdienen gleich viel?"
„No, Señor. Ich verdiene mit meiner Arbeit hier sechshundertfünfzig Pesos."
„Und was machst du mit diesem Lohn?"
„Meine Mutter bekommt fünfhundert, und für mich behalte ich hundertfünfzig."
„Wie sieht denn ein ganze normaler Tag bei dir aus?"
„Ich stehe um fünf Uhr auf, meine Mutter bereitet das Frühstück, so um sechs herum frühstücke ich, und dann gehe ich an die Arbeit."
„Was bekommst du zum Frühstück?"
„Manchmal warmes Essen mit einem Ei, oder Kakao mit Brot oder schwarzen Kaffee."
„Und dann?"
„Dann ziehe ich meine Klamotten an und gehe aus dem Haus an die Arbeit."
„Wie viele Kinder arbeiten so?"
„Fast alle hier oben."
„Was denkst du über deine Arbeit?"
„Ach, manchmal sind die Steine verdammt hart, und manchmal wieder geht's ganz gut von der Hand."
„Was gefällt dir besser, Schule oder Arbeit?"
„Es ist schon besser, in die Schule zu gehen, weil man viel lernt, was man später gut brauchen kann. Das muss man nutzen! Also, ich würde gerne zur Schule gehen und etwas lernen, um weiterzukommen."
„Welchen Beruf würdest du dann gern erlernen?"
Alejandro schweigt verlegen. Seine Augen sehen hinunter auf die Stadt und schweifen über die grüne Hochebene von Bogotá. Im Westen der Savanne steigt ein Jumbo Jet vom Flughafen El Dorado steil in den Himmel, fliegt auf die Bergkette zu und stößt in einer weiten Linkskurve, zum Greifen nahe vor uns, in die tief hängenden Wolken. Alejandro träumt. Er verfolgt das Flugzeug, das donnernd über uns verschwindet. Alle Flugzeuge, die bei Ostwind starten, drehen über dem Steinbruch Alejandros ab nach Süden oder Norden und verschwinden zwischen den Wolken. Alejandro schaut mich an:
„Also ich, ich wäre gern ... Sehr gern würde ich Kopilot lernen!"
„Aber die Schule ist teuer?"
„Leider, das ist ja die Schwierigkeit. Sie wollen Geld für die Bücher, dann für die Hefte und die Schuluniform womöglich, das ist teuer!"

Reinhardt Jung

So wurden die Kinder
zur Zeit Jesu
in der Gesellschaft
eingeschätzt

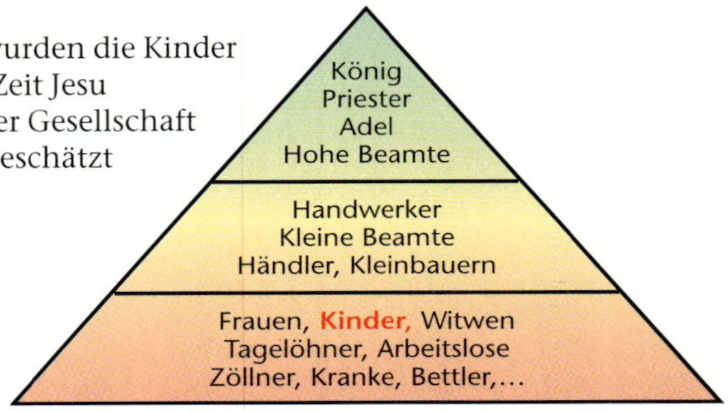

Jesus und die Kinder

Emil Nolde, 1910

Bei einem Stuhltheater wird für jede an einer Geschichte beteiligte Person ein Stuhl aufgestellt, der zunächst leer bleibt.

Jemand aus dem Publikum stellt eine Frage an eine der beteiligten Personen. Wer diese Frage beantworten möchte, setzt sich auf den entsprechenden Stuhl. Nachdem die Antwort gegeben wurde, soll der Stuhl wieder verlassen werden. Nun kann man die nächste Frage an diese oder eine andere Person stellen.

Das Stuhltheater dauert so lange, wie das Publikum Spaß daran hat.

Fritz Uhde, 1884

- Vergleicht die Bilder: Wie sind Jesus und sein Verhältnis zu den Kindern dargestellt?
- Lest die Erzählung in Mk 10,13–16. Was bedeutet es für die Kinder, dass Jesus sie in den Arm nimmt und segnet?
- Spielt die gesamte Begebenheit als Stuhltheater nach und berücksichtigt dabei noch stärker die Rolle der Kinder in der damaligen Zeit.

Mehr als 300 000 Kinder unter 18 Jahren kämpfen auf Schlachtfeldern in aller Welt. Sie werden in mehr als 30 Ländern als Soldaten eingesetzt, z. T. in der regulären Armee.

Die Kinder verlangen nach Brot, und niemand ist da, der es ihnen bricht.

Jeremia 4,4

Kinder brauchen Schutz und Hilfe

„Das Kind gehört in jeder Lage zu denen, die zuerst Schutz und Hilfe erhalten." „Das Kind wird vor allen Formen der ... Grausamkeit und Ausbeutung geschützt. [...] In keinem Fall wird es veranlasst oder wird ihm erlaubt, [...] eine Tätigkeit auszuüben, die seine Gesundheit oder seine Erziehung beeinträchtigen oder seine körperliche, geistige oder sittliche Entwicklung hemmen würden."

Grundsatz 8 und 9 aus der Erklärung der Rechte des Kindes der Vereinten Nationen von 1959

- Wie wirkt dieser Junge auf euch?

Hast du getötet?

Nein.

Hattest du ein Gewehr?

Ja.

Hast du gezielt?

Ja.

Hast du abgedrückt?

Ja.

Was passierte dann?

Sie fielen einfach um.

Kinder aus Liberia berichten über ihre Anwerbung als Soldaten

In Liberia steht am Anfang oft der Kommandant eines Dorfes oder Gebietes, der die Jugendlichen als Kindersoldaten für eine militärische Splittergruppe anwirbt. Meist werden zuerst die Jungen rekrutiert, die eine Außenseiterrolle spielen und – oft aus Kriegsgründen – keine Familienbande mehr haben.

Der Kommandant sucht einen Jungen aus, der willig und interessiert erscheint. Er nimmt ihn eine Weile überall hin mit, gibt ihm zu essen, bietet ihm vielleicht Zigaretten an und baut so allmählich den Kontakt auf. Danach gibt er dem Jungen sein Gewehr, lässt es ihn polieren und tragen und schließlich ausprobieren. An einem bestimmten Punkt wird der Kleine zu einem Kampf mitgenommen. Seine Freunde im Dorf sehen, wie er mit dem Gewehr umgeht. Sie werden neidisch und kommen auch mit. So wird aus dem einen Jungen eine ganze Gruppe. Alle werden dann gebeten, Informationen über die Leute im Dorf weiterzugeben, die für den Führer nützlich sind, aber auch das Überlegenheitsgefühl der Kinder steigern. Ein solcher Junge hinterfragt nicht, warum dieser Führer da ist. Er möchte ihm nur gleichen und gehorcht deshalb. Dieser Gehorsam führt dazu, dass es zu terroristischen Einsätzen und Morden kommt, vor denen die Kinder mit Drogen vollgepumpt werden, und dazu, dass die Erfüllung ihrer „Aufgaben" zu einem grotesken Sport wird. Eine Mischung aus Marihuana, Valiumtabletten, „Bubbles", Rohrzuckersaft im Essen lässt jede menschliche Reaktion und jedes Gefühl wirkungsvoll abstumpfen. Viele Liberianer können Geschichten von der schockierenden Erfahrung erzählen, an Kontrollpunkten von sieben- bis achtjährigen Kindern mit dem Gewehr bedroht worden zu sein. Diese Kinder üben große Macht aus und würden auch ihre Eltern erschießen, wenn der Kommandant ihnen das befehlen würde. Diese Kindersoldaten werden z. T. täglich unter Drogen gesetzt und sind sich deshalb der Schwere ihrer Taten oft nicht einmal bewusst.

So wird berichtet, dass eine Truppe von erwachsenen Soldaten eine Gruppe von Jugendlichen warnte, nicht schießend auf sie zuzurennen, denn sie würden zurückschießen und sie töten. Die Jugendlichen ignorierten die Warnung und einige wurden getötet. Plötzlich warf einer der Jungen sein Gewehr weg, lief zu einem Soldaten hin und schrie: „Sie haben gesagt, wenn wir diese Pille nähmen, könnten wir wieder aufstehen, selbst wenn wir erschossen würden." Der Soldat nahm den Jungen in den Arm und sagte: „Wir werden in einigen Tagen zurückkommen und sehen, ob deine Freunde wieder aufgestanden sind." Als sie zwei Tage später die verwesenden Leichen seiner Freunde sahen, weinte der Junge.

- Überlegt, warum es offenbar so einfach ist, aus Kindern und Jugendlichen Soldaten zu machen.
- Viele Computerspiele enthalten Kampfsituationen, in denen die Spieler Waffen auswählen und einsetzen müssen. Stellt der Klasse eines dieser Spiele vor. Überlegt, inwiefern diese Spiele „gefährlich" sind.

In dem afrikanischen Staat Liberia war Ende der achtziger Jahre als Folge der Wirtschaftskrise über die Hälfte der Bevölkerung arbeitslos. 1989 kam es zu einem Aufstand der National Patriotic Front of Liberia (NPFL) gegen die Regierung. Die ULIMO ist eine andere militärische Gruppe.

Bei dem bis 1996 dauernden Bürgerkrieg starben mehr als 150.000 Menschen, ein Viertel der Bevölkerung war ins Ausland geflohen.

„Krieg ist Weglaufen und immer Angst haben"

Kindersoldaten berichten über ihre Rekrutierung

NK, 13, sagte, er sei 1993, mit zwölf Jahren, der NPFL beigetreten, weil „sie dich, wenn du nicht beitratst, mit einem Patronengürtel schlugen."

OL, 15, berichtet, er habe sich mit 13 Jahren der NPFL in Grand Bassa County angeschlossen, weil „sie drohten, sie würden mich töten, wenn ich nicht mitkäme."

KK, 15, der ein Jahr bei der ULIMO war, sagte, sein Vater sei gestorben und er hätte nicht gewusst, wo seine Mutter oder seine Brüder und Schwestern waren. „Ich ging zu ULIMO, um meine Mutter suchen zu können."

KC, 16, trat als 13-Jähriger der ULIMO bei „aus Rache, weil mein Vater erschossen wurde."

- Die Kinderzeichnung aus Liberia zeigt Zivilisten, die von jungen Soldaten bedroht werden. Was fällt euch an diesem Bild auf? Verfasst eine Bildunterschrift.
- Ihr habt auf dieser und der vorangehenden Seite einiges über die Gründe erfahren, aus denen Kinder zu Soldaten werden. Fertigt eine Kopie des Kindes in der linken Bildhälfte an und gestaltet damit die Mitte eines Kreises, in den ihr jeweils mit einem Stichwort die Motive für diese „Karriere" eintragt. Daraus könnt ihr ein Poster entwerfen, mit dem ihr euren Standpunkt zu dem Schicksal dieser Kinder zum Ausdruck bringt.

In Monrovia, der Hauptstadt Liberias, gibt es inzwischen ein Programm zur Wiedereingliederung von kriegsverletzten Kindersoldaten in die Gesellschaft. Es umfasst die Familienzusammenführung, ärztliche Versorgung, beratende Gespräche, Schulunterricht und handwerkliche Ausbildung.

Dieses „Children's Assistence Program“ (CAP) wird vom Lutherischen Weltbund gefördert. Der Lutherische Weltbund besteht seit 1947 und ist ein Zusammenschluss von lutherischen Kirchen aus vielen Ländern, u. a. mit dem Ziel, Menschen in Not zu helfen.

Was kann die Kirche tun?

Eine wichtige Aufgabe für die Kirche liegt darin, Einzelnen und Gemeinden beizustehen, damit sie ihre Kinder wieder aufnehmen. Trotz der weit verbreiteten Abscheu gegen die von Kindersoldaten begangenen Taten setzt sich doch die Einsicht durch, dass diese jungen Menschen in die Gemeinden zurückgeholt werden müssen, weil sonst noch viel größere Probleme entstehen.
Susannah Telewoda von der Lutherischen Kirche in Liberia meint, die Kirche habe vor allem dann eine aktive Rolle in der Rehabilitation und Versöhnung zu übernehmen, wenn der Krieg beendet sei. Viele Kirchenmitglieder leben „auf beiden Seiten“, d. h. viele Jugendliche, die der Kirche angehören, haben in irgendeiner Weise auch mit den Rebellengruppen zu tun. Telewoda: „Sie brauchen alle Aufmerksamkeit, die Erwachsene ihnen nur geben können. Wir sind verantwortlich dafür, wann sie an Waffen oder Drogen kommen. Wir schulden ihnen alles, was wir ihnen geben können, um sie zu guten Bürgern zu machen. Die Kirche hat diese Verpflichtung.

Einige dieser Jungen erzählten, sie hätten jahrelang gekämpft, sie hätten ihre eigenen Dörfer niedergebrannt und ihre eigenen Leute getötet.
Das Gewehr war ihre einzige Sicherheit. Jene, die ihre Eltern getötet haben, haben die größten Probleme. Sie tun uns wirklich sehr Leid. Kinder waren die schlimmsten Soldaten, weil sie ihren Kopf nicht gebraucht haben. Sie hatten kein Mitgefühl; wenn dir einer etwas befiehlt, dann musst du gehorchen!
Die Menschen sind nicht bitter. Was aber die Kinder getan haben, geschah unerwartet. Es war eine Überraschung und eine Lektion. In der Lutherischen Kirche in Liberia sollte allen die Möglichkeit offen stehen, zu einer Beratungsstelle zu gehen, denn alle haben gelitten. Reden, reden und nochmal reden, bis man es los wird, und dann zuhören, wenn die anderen dasselbe tun. Das ist Therapie.“
„Wenn du aber weißt“, sagt ein Pfarrer, „was so ein Junge getan hat, und nun siehst du, wie er sich müht, in deiner Schule akzeptiert zu werden, dann möchtest du ihm instinktiv etwas Böses antun. Du selbst brauchst nämlich auch Hilfe und musst dich bewusst dafür entscheiden, ihn willkommen zu heißen. Heilung und Versöhnung sind die wichtigsten Anliegen in unserer Gemeinde geworden.“

- Welche Schwierigkeiten könnten sich bei dem Versuch ergeben, Kindersoldaten wieder ein normales Leben zu ermöglichen? Welche Ziele und Maßnahmen sollten solche Bemühungen umfassen?

Rigoberta Menchu ist in einem Dorf in Guatemala aufgewachsen. Die folgenden Ausschnitte aus ihrem Buch „Klage der Erde“ (1993) zeigen die schwierigen Lebensbedingungen, unter denen Rigoberta groß geworden ist – ein Beispiel für das Leben der meisten Kinder und Jugendlichen in den Entwicklungsländern.

Kinder, die schnell erwachsen werden

Ich heiße Rigoberta Menchu Tum

In Guatemala gibt es 22 indianische Gruppen und 23 verschiedene Sprachen. Ich gehöre zum Volk der Quiché, und ich spreche seine Sprache ... Als ich geboren wurde, hatte meine Mutter schon fünf Kinder, glaube ich. Ja, sie hatte schon fünf, und ich war das sechste in unserer Familie ...

Unser Dorf hat einen gewählten Sprecher: Das ist ein Mann, der hohes Ansehen genießt. Er ist unser Repräsentant. Er ist kein König, aber er ist der Repräsentant, den das ganze Dorf wie einen Vater ansieht. Mein Vater und meine Mutter sind die Sprecher unserer Gemeinde. Für die Frau ist das, als ob alle Bewohner des Dorfes ihre Kinder wären.

Meine Heimat ist wie ein Paradies. In der ganzen Schönheit der Natur dieser Gegend, in der es keine Straßen und Autos gibt. Man kommt nur zu Fuß dorthin. Für den Transport von den Bergen hinunter in die Stadt haben wir Pferde, oder wir tragen die Lasten selbst auf dem Rücken. Meine Eltern zogen 1960 dorthin und bebauten das Land. Eine bergige Gegend, in die noch nie ein Mensch gekommen war. Sie blieben da in der Gewissheit, dass sie dort leben wollten, obwohl es ein schweres Leben sein würde ... Da ihnen die Gegend gefiel, rodeten sie ein Stück Land und ließen sich nieder. Ein Jahr zuvor waren sie aus dem Dorf, indem sie gewohnt hatten, vertrieben worden und hatten ihr kleines Häuschen zurücklassen müssen. Sie waren völlig mittellos und mussten in die Berge ziehen, und da sind sie dann geblieben. Es entstand auch eine kleine Gemeinde, in der die Campesinos ... jeder etwa einen Viertel Hektar Land bebauen durfte. Aus ihrem Dorf waren meine Eltern vertrieben worden, als sich ein paar Ladinos dort niederließen. Das Land gehörte der Regierung, und um sich dort anzusiedeln zu können, brauchte man eine Erlaubnis. Wenn man die Erlaubnis hatte, musste man eine Gebühr bezahlen, um das Land roden und seine Hütte bauen zu dürfen ... Bis zur ersten Ernte dauerte es viele Jahre, und meine Eltern mussten deshalb zur Küste hinunter, um auf den Fincas zu arbeiten ...

Mit acht Jahren verdiente ich mein erstes Geld auf der Finca. Ich hatte täglich fünfunddreißig Pfund Kaffee zu pflücken und bekam dafür zwanzig Centavos. Wenn ich die Menge nicht schaffte, musste ich am nächsten Tag für dieselben zwanzig Centavos weiterarbeiten. Wenn man einmal sein Tagessoll nicht schaffte, blieb man unweigerlich mit seiner Arbeit zurück, immer mehr zurück, bis man zum Schluss vielleicht zwei ganze Tage unentgeltlich nacharbeiten musste, um das Gesamtsoll zu erfüllen. Meine Brüder hatten ihre Arbeit so gegen sieben oder acht Uhr abends beendet und boten sich an, mir zu helfen. Ich sagte, dasss ich selbst damit fertig werden müsse, denn wie sollte ich es sonst jemals lernen. An manchen Tagen schaffte ich kaum achtundzwanzig Pfund. Besonders wenn es so heiß war. Da bekam ich Kopfschmerzen und war oft so erschöpft, dass ich mich unter einen Kaffeestrauch legte und schlief, und da fanden mich dann meine Brüder. Ich war acht Jahre alt, als mein Bruder Nicolas starb, und ich habe ihn sterben sehen. Er war der Jüngste von uns und gerade zwei Jahre alt geworden. Er weinte und weinte und weinte, und meine Mutter wusste nicht, was sie tun sollte. Er hatte einen ganz geschwollenen Bauch, weil er so unterernährt war.

400 000 Minderjährige arbeiten in Deutschland illegal, leisten also verbotene Kinderarbeit. W. Wilken vom Deutschen Kinderschutzbund sagt: „Sie können sie auf dem Bau, dem Großmarkt, in Gaststätten oder auf Märkten treffen. Auch in Haushalten werden sehr schwere Arbeiten verrichtet." Die meisten Kinder arbeiten, „um ganz normal mit den anderen Kindern mithalten zu können. Daneben gibt es Kinder, die zum Familieneinkommen beitragen müssen.

Schon seit dem ersten Tag auf der Finca ging es ihm sehr schlecht. Meine Mutter konnte sich auch nicht immer um ihn kümmern, weil sie sonst ihre Arbeit verloren hätte. Wir konnten die Arbeit nicht liegen lassen. Zwei Wochen hat mein Brüderchen es ausgehalten, dann begann der Todeskampf.

Als ich zehn Jahre alt wurde, wurde ich in den Kreis der Erwachsenen aufgenommen. Meine Eltern riefen mich zu sich und erklärten mir das Leben der Erwachsenen. Viel brauchten sie mir jedoch nicht zu erklären, da es dasselbe Leben war, dass ich auch schon seit einiger Zeit führte. Sie sagten mir aber, dass sich doch einiges in meinem Leben ändern würde, dass die Arbeit und die tägliche Not nicht aufhören, andere Dinge jetzt aber für mich wichtig würden und dass ich auch bald fähig sein würde, Kinder zu bekommen ... Ich versprach meinen Eltern und meinen Geschwistern, jetzt auch für die Gemeinschaft zu arbeiten. So kam die Zeit, in der ich meinem Vater bei der Gemeindearbeit half.

Die Jungen haben etwas mehr Freiheit als wir Mädchen, aber sie sind ihren Eltern auch sehr gehorsam. Wenn zum Beispiel ein Vater seinem Sohn sagt, um die oder die Zeit bist du wieder zu Hause, dann ist er um die Zeit auch wieder zu Hause. Sie können zwar allein und unbewacht mit ihren Freunden spielen, aber wenn sie vierzehn oder fünfzehn sind, müssen sie so viel arbeiten, dass zum Spielen oder Spazieren gehen keine Zeit mehr bleibt. Spazieren gehen heißt für uns praktisch nur, hinausgehen zum Brennholzsammeln oder zu sonst einer Arbeit außerhalb des Dorfes ...

Ich war mit einer Freundin, die wie ich Katechetin war, zur Baumwollernte eingeteilt. Sie hieß Maria, und wir waren immer zusammen. Sie starb auf dieser Finca an dem Pflanzengift, das ausgesprüht wurde, als wir auf der Plantage arbeiteten ... Mein Schmerz war groß, denn Maria war meine Freundin gewesen. Ich hätte am liebsten alles niedergebrannt, damit niemand mehr zum Arbeiten auf diese Finca käme. Ich hasste die Menschen, die das Pflanzengift versprüht hatten. Warum spritzten sie Gift, wenn noch Menschen auf dem Feld waren?

Rigoberta Menchu

- Informiert euch über Roberta Menchus Lebenslauf. Gestaltet mit eigenen Zeichnungen und Zeitungsausschnitten einige Stationen.
- Besucht einen „Eine-Welt"-Laden und erkundet in kleinen Gruppen, welche Waren aus Guatemala kommen und wie ihr Preis berechnet wird. Fragt auch nach Informationen zu den Arbeitsbedingungen der Bauern.
- Vergleicht eure Beobachtungen mit den Bedingungen, die Roberta Menchu Tum schildert.

Das Meditationstuch „Kreuzweg des Volkes“ haben sechs Pobladores geschaffen, arbeitslose Frauen aus einer Siedlung im Norden der Haupstadt Chiles, Santiago de Chile.
Mit diesem Tuch wollen sie ihr eigenes Leben mit Hilfe der Leidensgeschichte Jesu Christi darstellen und deuten.

Meditieren bedeutet, sich die durch ruhige Betrachtung eines Bild, das konzentrierte Lesen eines Textes oder durch das aufmerksame Zuhören einer Musik in seinen Gedanken und Gefühlen anregen und nachdenklich stimmen zu lassen.

Der Kreuzweg des Volkes – La via crucis del Pueblo

Der Kreuzweg ist der Leidensweg Jesu, den er vom Haus des Pilatus bis nach Golgata, der Hinrichtungsstätte, zu Fuß zurücklegen musste. In jeder katholischen Kirche ist dieser Weg durch 14 Kreuzwegstationen nachgestellt, die die Gläubigen zur Erinnerung an die Leiden Jesu z. B. am Karfreitag betend abschreiten.

- Betrachtet das Meditationstuch der Frauen aus Chile. Teilt es in Abschnitte ein und gebt eure Eindrücke und Gedanken dazu wieder.
- Arbeitet Bezüge zu dem heraus, was ihr in diesem Kapitel erfahren habt, und überlegt, welchen Sinn es für die Frauen gehabt haben könnte, den Bildern aus ihrem eigenen Land die Leidensgeschichte Jesu Christi zugrunde zu legen.
- Findet heraus, zu welchem Bild des Meditationstuches der Kanon am besten passt, und begründet eure Meinung.

Jesus Christus fremdvertraut

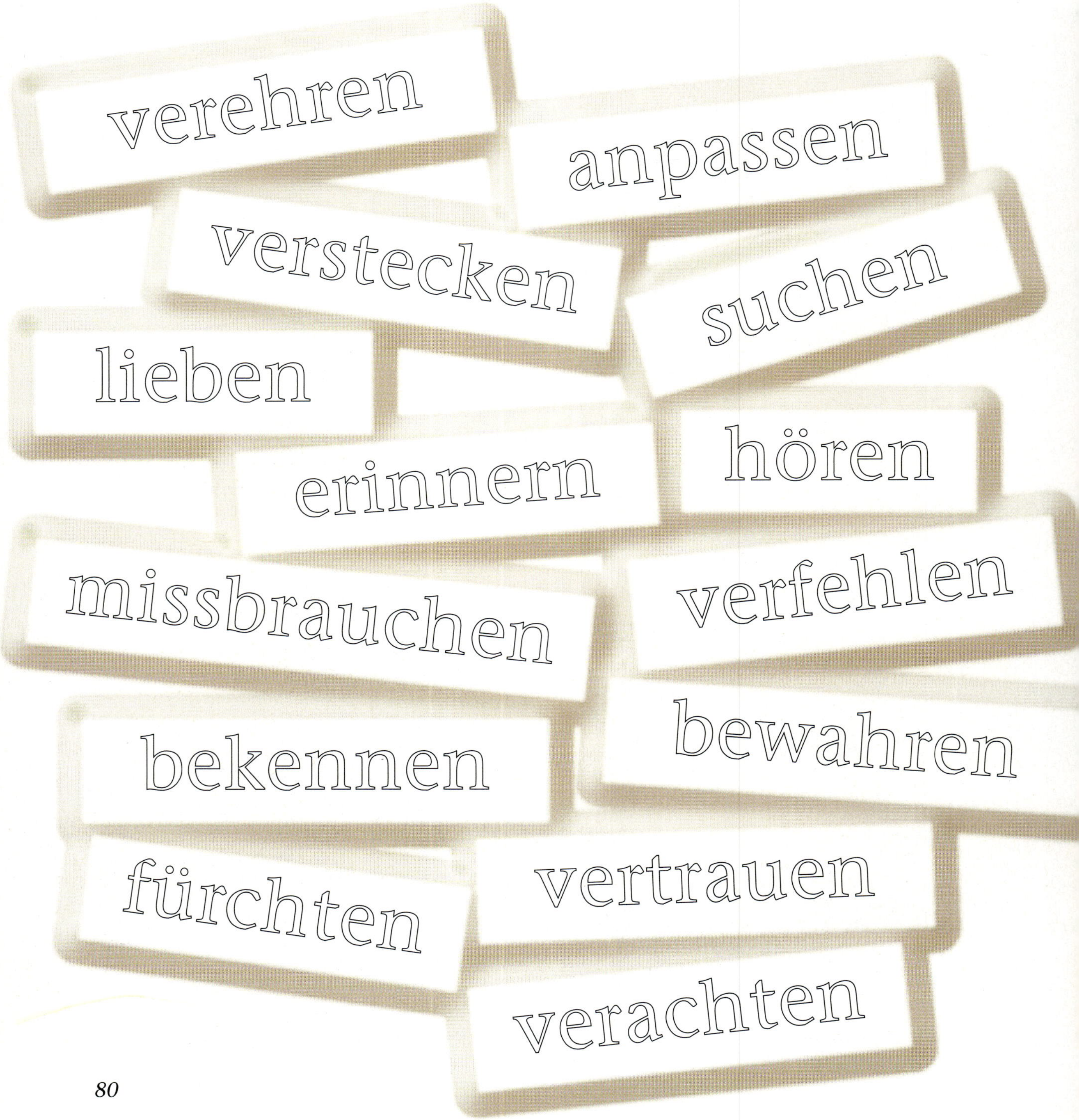

Das Wochenmagazin Der SPIEGEL gab im Frühjahr 1999 eine Umfrage beim Emnid-Institut in Auftrag. 2000 Männer und Frauen wurden unter anderem auch danach gefragt, welche Bedeutung Jesus für sie habe.

Jesus Christus – viele Meinungen und ein Bekenntnis

Eine Umfrage gibt zu denken

„Hallo, ihr Vier", rief jemand über den Pausenhof, „wieder voll im Stress?" Carsten, Lena, Lars und Nele waren in ihrer Jahrgangsstufe dafür bekannt, dass sie immer etwas miteinander zu verhandeln hatten. Diesmal war es die Sache mit der Umfrage. Carsten hatte davon in der Zeitung gelesen. 2000 Erwachsene waren nach ihrer Meinung zu Jesus, Gott und Kirche befragt worden. Einige der Ergebnisse hatten ihn sehr verwundert. Er hatte einen Artikel darüber für die Schülerzeitung geschrieben.

Darauf war Carsten unerwartet oft angesprochen worden: 27 % der Befragten sollten angegeben haben, Jesus habe für sie keine Bedeutung mehr. Das wollten viele in seiner Schule nicht glauben. Schließlich lebte man doch in einem immer noch christlich geprägten Land. Einige aus der Oberstufe meinten aber, unter Jugendlichen käme Jesus eher noch schlechter weg. „Jedenfalls besser als andere Persönlichkeiten in den großen Religionen", stellte Nele fest. „Wir können ja mal eine Befragung hier in der Schule durchführen: ‚Welche Bedeutung hat Jesus für dich?'"

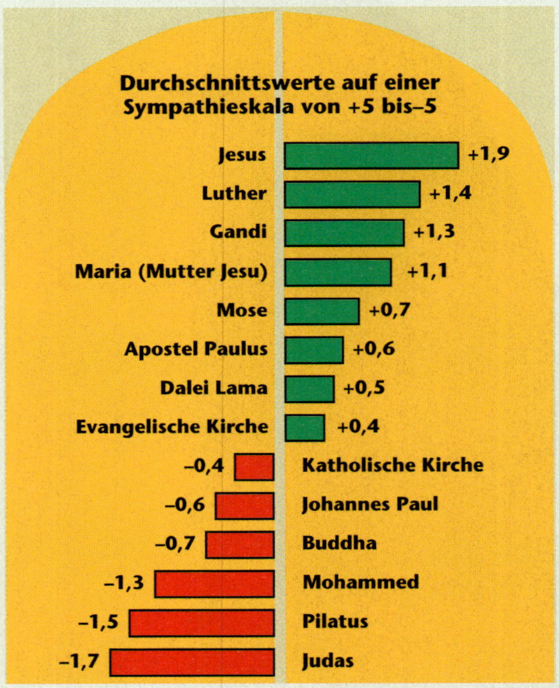

- Führt die Umfrage der rechten Spalte in eurer Klasse durch: Gebt Jesus und anderen bedeutenden religiösen Gestalten Sympathiewerte auf einer Skala zwischen –5 und +5 und ermittelt jeweils den Durchschnittswert. Wie beurteilt ihr das Ergebnis?

Der Prophet Elia trat im 9. Jahrhundert v. Chr. zur Regierungszeit des Königs Ahab im Nordreich Israel auf. Ahab hielt sich nicht mehr allein an den alten Glauben Israels. Er heiratete die Königstochter Isebel aus Sidon und ließ zu, dass ihre Götter neben JHWH verehrt wurden. Elia rief das Volk Israel und seinen König auf, wieder zu JHWH zurückzukehren und ihm allein zu dienen.

Alle vier Evangelisten Matthäus, Markus, Lukas und Johannes überliefern die Geschichte vom „Bekenntnis des Petrus".
Johannes kennt darüber hinaus noch eine ähnliche Geschichte. Darin ist es eine Frau, die sich in beinahe denselben Worten und genau so mutig zu Jesus bekennt: Marta von Betanien.

Das Bekenntnis des Petrus und das der Marta

18 Und es begab sich, als Jesus allein war und betete und nur seine Jünger bei ihm waren, da fragte er sie und sprach: Wer sagen die Leute, dass ich sei?

19 Sie antworteten und sprachen: Sie sagen, du seist Johannes der Täufer; einige aber, du seist Elia; andere aber, es sei einer der alten Propheten auferstanden.

20 Er aber sprach zu ihnen: Wer sagt ihr aber, dass ich sei? Da antwortete Petrus und sprach: Du bist der Christus Gottes!

Lukas 9,18–20

20 Als Marta nun hörte, dass Jesus kommt, geht sie ihm entgegen; Maria aber blieb daheim sitzen.

21 Da sprach Marta zu Jesus: Herr, wärst du hier gewesen, mein Bruder wäre nicht gestorben.

22 Aber auch jetzt weiß ich: Was du bittest von Gott, das wird dir Gott geben.

23 Jesus spricht zu ihr: Dein Bruder wird auferstehen.

24 Marta spricht zu ihm: Ich weiß wohl, dass er auferstehen wird – bei der Auferstehung am Jüngsten Tage.

25 Jesus spricht zu ihr: Ich bin die Auferstehung und das Leben. Wer an mich glaubt, der wird leben, auch wenn er stirbt;

26 und wer da lebt und glaubt an mich, der wird nimmermehr sterben. Glaubst du das?

27 Sie spricht zu ihm: Ja, Herr, ich glaube, dass du der Christus bist, der Sohn Gottes, der in die Welt gekommen ist.

Johannes 11,20–27

- Was haben die, die Jesus für einen der alten Propheten wie Elia hielten, von ihm erwartet?
- Das Bekenntnis der Marta steht am Ende eines Gespräches mit Jesus.
  Worum geht es in diesem Gespräch?
- Schreibt Petrus und Marta einen Brief, wie ihre Bekenntnisse auf euch gewirkt haben.
- Welche Vor- und Nachteile seht ihr darin, dass es bis heute verschiedene Einschätzungen und Meinungen über Jesus gibt?

Das Wort Messias kommt aus dem Hebräischen und bedeutet ‚der Gesalbte'. In Israel wurden die Könige, aber auch die Priester und Propheten gesalbt, als Zeichen, dass sie mit dem Geist Gottes erfüllt und fähig würden, nach seinen Weisungen zu handeln. König David galt als ein Gesalbter, der in besonderem Maße vom Geist Gottes erfüllt war. Er führte Israel in eine Blütezeit seiner Geschichte. Zur Zeit Jesu war die Sehnsucht unter den Juden nach einem Gesalbten wie König David sehr groß.

Christus ist die lateinische Form des griechischen Wortes ‚christos', es übersetzt das hebräische ‚Messias' und bedeutet wie dieses ‚der Gesalbte'. Schon zu seinen Lebzeiten haben viele in Jesus von Nazareth den erwarteten Messias gesehen. Nach seinem Tod blieben die Christen dabei. Sie hofften und hoffen darauf, dass er wiederkommen wird, um die Menschen zu erlösen.

Jesus, der Christus

Mehr Klarheit!

Es schellte zur Stunde. Lena, Carsten, Lars und Nele hätten am liebsten weiter diskutiert. „Ich melde mich nachher!", versprach Nele noch. Dann waren sie schon vor ihrem Klassenraum angelangt. Nach der Schule setzte sie sich zu Hause gleich an den Computer und schrieb den andern diese eMail:

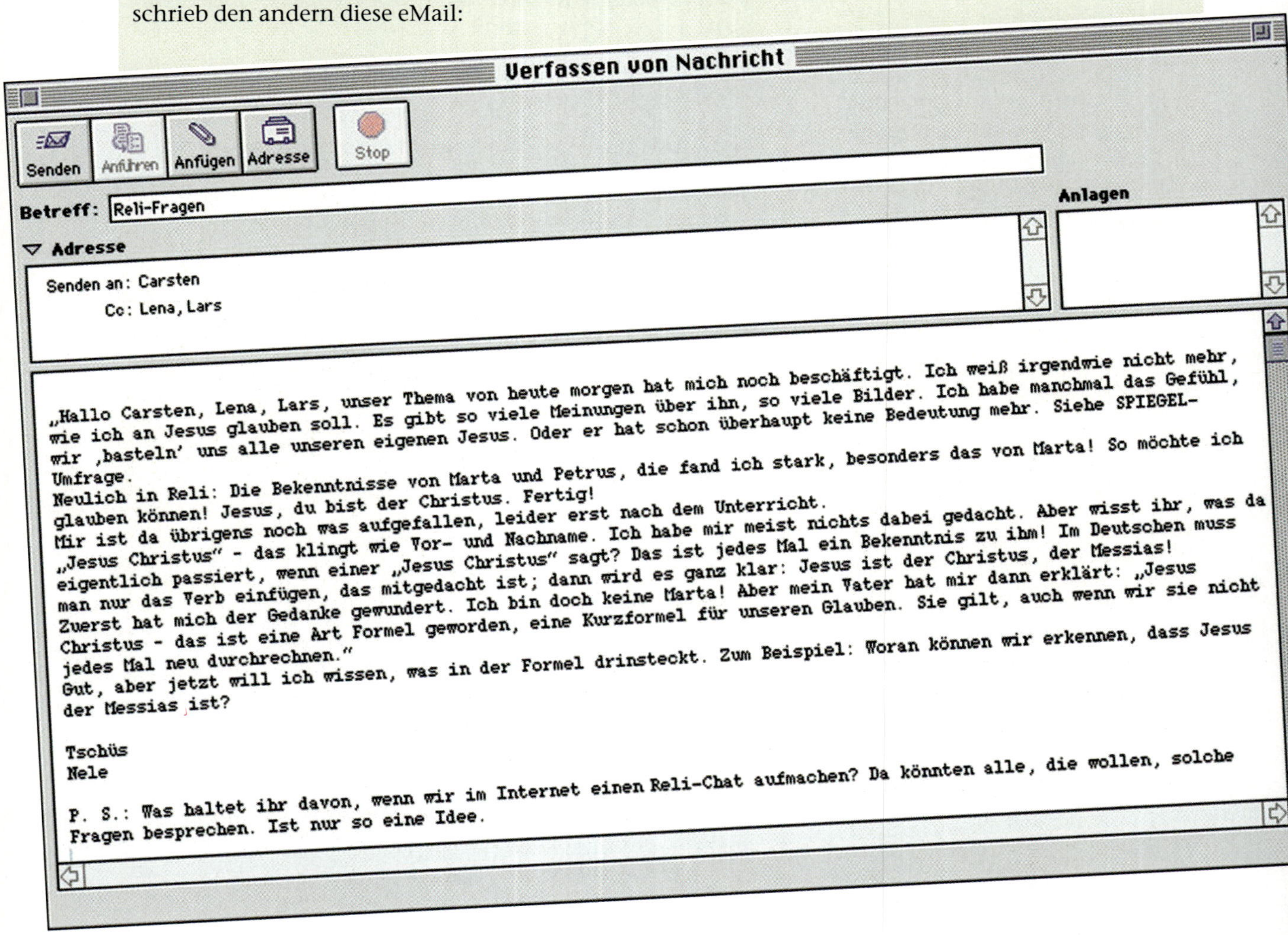

„Hallo Carsten, Lena, Lars, unser Thema von heute morgen hat mich noch beschäftigt. Ich weiß irgendwie nicht mehr, wie ich an Jesus glauben soll. Es gibt so viele Meinungen über ihn, so viele Bilder. Ich habe manchmal das Gefühl, wir ‚basteln' uns alle unseren eigenen Jesus. Oder er hat schon überhaupt keine Bedeutung mehr. Siehe SPIEGEL-Umfrage.
Neulich in Reli: Die Bekenntnisse von Marta und Petrus, die fand ich stark, besonders das von Marta! So möchte ich glauben können! Jesus, du bist der Christus. Fertig!
Mir ist da übrigens noch was aufgefallen, leider erst nach dem Unterricht.
„Jesus Christus" - das klingt wie Vor- und Nachname. Ich habe mir meist nichts dabei gedacht. Aber wisst ihr, was da eigentlich passiert, wenn einer „Jesus Christus" sagt? Das ist jedes Mal ein Bekenntnis zu ihm! Im Deutschen muss man nur das Verb einfügen, das mitgedacht ist; dann wird es ganz klar: Jesus ist der Christus, der Messias!
Zuerst hat mich der Gedanke gewundert. Ich bin doch keine Marta! Aber mein Vater hat mir dann erklärt: „Jesus Christus - das ist eine Art Formel geworden, eine Kurzformel für unseren Glauben. Sie gilt, auch wenn wir sie nicht jedes Mal neu durchrechnen."
Gut, aber jetzt will ich wissen, was in der Formel drinsteckt. Zum Beispiel: Woran können wir erkennen, dass Jesus der Messias ist?

Tschüs
Nele

P. S.: Was haltet ihr davon, wenn wir im Internet einen Reli-Chat aufmachen? Da könnten alle, die wollen, solche Fragen besprechen. Ist nur so eine Idee.

- Führt ein Schreibgespräch über Neles Satz: „Ich weiß irgendwie nicht mehr, wie ich an Jesus glauben soll."
- Wie beurteilt ihr Neles Vorschlag, einen Reli-Chat im Internet einzurichten? Stellt Pro- und Contra-Argumente zusammen.

Eine sehr frühe Sammlung von Reden Jesu enthält eine Geschichte, in der es schon um die Frage geht, wie Jesus als Messias zu erkennen sei. Johannes der Täufer, der wegen seiner Kritik an König Herodes Antipas im Gefängnis sitzt, schickt seine Jünger zu Jesus und lässt ihn fragen: Bist du es, der da kommen soll, oder sollen wir auf einen andern warten? Jesus antwortet den Johannesjüngern: Geht und berichtet Johannes, was ihr hört und seht: Kranke werden gesund, Tote stehen auf und die Armen hören die gute Botschaft vom Reich Gottes.

nach Mt 11,2–6 und Lk 7,18–23

- Dies ist ein Bild zu dem Wort Jesu: „Selig seid ihr Armen; denn das Reich Gottes ist euer." (Lk 6,20) Marina Silva aus Solentiname in Nicaragua hat es 1981 gemalt. Sie war selbst eine der Armen ihres Landes. Beschreibt, was ihr in dem Bild seht. Was wollte die Malerin besonders hervorheben?
- Welchen Teil der Antwort Jesu an Johannes verdeutlicht dieses Bild?
- Jesus hätte die Frage des Johannes einfach mit Ja (oder Nein) beantworten können. Was hätte der Antwort dann aber alles gefehlt? Wieso sind Jesus gerade diese Aussagen wichtig?
- Für seine Antwort an Johannes benutzte Jesus Worte des Propheten Jesaja, die schon 700 Jahre alt waren. Ihr findet sie in Jes 35,5–6. Vergleicht die beiden Texte. Worin liegt der auffälligste Unterschied?
- Schreibt die Geschichte von der Anfrage Johannes des Täufers an Jesus fort: Die Johannesjünger besuchen ihren Lehrer im Gefängnis. Sie berichten ihm Wort für Wort, was Jesus ihnen gesagt hat. Johannes …

Aussatz ist in der Bibel eine Bezeichnung für verschiedene Hautkrankheiten, vor allem die Lepra. Sie wird durch Bakterien hervorgerufen, ist ansteckend und galt bis ins 20. Jahrhundert hinein als kaum heilbar.

In Israel mussten Aussätzige außerhalb der Stadt oder der Dorfgemeinschaft leben, um niemanden zu infizieren. Wer einen Aussätzigen berührte, galt sofort selbst als unrein und durfte zum Beispiel erst nach vorgeschriebenen Waschungen wieder am Gottesdienst teilnehmen.

Aussatz sah man – noch mehr als gewöhnliche Krankheiten – als Strafe Gottes für begangene Sünden an; Aussätzige galten dementsprechend als Sünder. Von dieser Krankheit geheilt zu werden, kam einer Auferweckung vom Tode gleich.

Jesu Wunder – Gottes Wirken

Kranke werden gesund

Ein Leprakranker kam zum Arzt und zeigte ihm den Ausschlag, der seinen ganzen Körper bedeckte. „Das sieht ja böse aus", sagte der Arzt, „Lepra – eine Infektion durch Bakterien! Ohne Behandlung schreitet sie fort, bis Ihnen die Gliedmaßen verstümmeln und Sie sterben." „Aber Sie müssen doch ein Heilmittel dagegen haben, Herr Doktor!" „Ja, zum Glück ist die Medizin heute so weit fortgeschritten, dass wir die Lepra heilen können. Nur, es dauert! Ich muss Sie ins Krankenhaus einweisen. So wie es aussieht, werden Sie einige Wochen auf der Isolierstation liegen müssen. Man wird Sie mit Infusionen und Tabletten behandeln, bis Ihre Haut wieder rein ist". Nach einem halben Jahr kam der Mann wieder zu seinem Arzt in die Praxis. „Wunderbar!", sagte dieser nach der Untersuchung, „Sie sind gesund." „Ja, Herr Doktor, es ist ein Wunder. Ich danke Gott – und", fügte er augenzwinkernd hinzu, „Ihnen auch!"

Ein Aussätziger kam zu Jesus, kniete vor ihm nieder und bat ihn: „Willst du, so kannst du mich reinigen." Jesus hatte großes Mitleid mit ihm. Er streckte seine Hand aus, und obwohl er wusste, dass er damit selbst unrein werden würde, rührte er den Aussätzigen an und sprach zu ihm: „Ich will's tun. Sei rein!" Und sogleich verschwand der Aussatz, und der Mann wurde rein.
Es schien so, als wollte der Mann nun in der Jesusgruppe bleiben. Aber Jesus schickte ihn fort: „Sag niemandem etwas davon, wie du heil wurdest. Geh vielmehr zum Priester und lass dir bestätigen, dass du gesund bist. Und opfere für deine Heilung, wie es das Gesetz vorschreibt."
Der Geheilte fing aber sofort an, die Geschichte überall zu erzählen, so dass Jesus nicht mehr unerkannt in eine Stadt gehen konnte. Im Gegenteil: Von allen Enden kamen die Leute zu ihm.

nach Markus 1,40–44

- Vergleicht die beiden Erzählungen. Worin sind sie sich ähnlich? Wo weichen sie voneinander ab?
- Beschreibt das Verhalten der beiden Geheilten.
- Welche der beiden Erzählungen würdet ihr eine Wundergeschichte nennen?

Wunder haben zuerst und vor allem mit dem Staunen zu tun. Der Begriff stammt aus der Antike. Er beschreibt, was beim Sehen erstaunt und verwundert, nämlich alles, was ungewöhnlich ist. Die Menschen in der Antike liebten Wunder. Schon lange bevor Jesus lebte, wurden Wunderberichte gesammelt und verbreitet.
Wunder galten als eine Wirkungsweise Gottes.

Unsere Alltagssprache verrät, wie wir den Begriff ‚Wunder' verstehen. Wir deuten ein Geschehen als Wunder, wenn wir es als etwas Überwältigendes und Schönes bestaunen, das uns glücklich macht:
„Keiner wurde bei dem Unfall verletzt. Es war ein Wunder."
„Die Flutkatastrophe machte Tausende obdachlos. Aber wenigstens wurden alle gerettet. Ein Wunder!"
„Ich bin so wunderbar gemacht."

Bischof Rettler geht zu den Aussätzigen

Im Jahr 1990 bat Pascasio Rettler, Bischof von Bacabal in Brasilien, den Papst, ihn von seinem Amt als Bischof zu entlassen. Er sei jetzt 75 Jahre alt, nun gehöre die Leitung des Bistums in jüngere Hände. Papst Johannes Paul II. nimmt das Rücktrittsgesuch an. Bischof Rettler richtet sich darauf ein, noch einige Jahre als Gemeindepfarrer Dienst zu tun. So will es auch sein Orden. Bischof Rettler ist Franziskaner.

Da hört er, dass es in dem Lepradorf Pirapitingui im Bundesstaat São Paulo schon seit einem halben Jahr keinen Priester mehr gibt. „Das tat mir sehr weh, und ohne nachzudenken, erklärte ich mich bereit, die Aufgabe zu übernehmen", schreibt er in einem Brief.

Die Entscheidung passt zu ihm. Schon als Bischof hat er sich immer an die Seite der Armen gestellt. Er kämpfte für die Menschen, die von Terror, Vertreibung und Mord bedroht waren. Nun lebt er mit denen, die von der Gesellschaft ausgeschlossen sind. Ihre Geschwüre kann er zwar nicht über Nacht heilen, aber er nimmt den Kranken das Gefühl, von Gott und den Menschen verlassen zu sein. Für manche von ihnen ein Wunder!

- Führt ein Streitgespräch über die Frage, ob hier wirklich ein Wunder berichtet wird.

Rabbi wird im Judentum ein geachteter Lehrer, vor allem ein Lehrer der Tora, genannt. Man will damit ausdrücken, dass man ihn als eine Person von großer Autorität ansieht. Martin Luther hat das Wort ‚Rabbi' mit ‚Meister' und ‚Lehrer' übersetzt. Elfmal erscheint es im Neuen Testament als Bezeichnung für Jesus.

Bei den so genannten Streitgesprächen Jesu handelt es sich um Diskussionen, wie sie unter den jüdischen Gelehrten seiner Zeit üblich waren. Nach der Überlieferung der Evangelisten wurde Jesus meist von anderen Schriftgelehrten in Streitgespräche hineingezogen.

Drei typische Streitgespräche Jesu finden sich in Mk 12,13–17; Mk 2,23–27; Mk 2,15–17.

Jesus, ein starker Rabbi

Großes Lob

Carsten kam vom Training nach Hause. Er hatte sich wieder richtig verausgabt, aber auch seine Leistung gesteigert. Sein Trainer hatte ihn gelobt. Jetzt fühlte er sich fit und guter Dinge. Er rief Lars an. Die Gedichtinterpretation für Deutsch machte er am liebsten mit ihm zusammen. „18 Uhr bei mir", schlug Lars vor, „aber guck dir vorher Neles eMail an."
Carsten las und merkte, wie ihn dieser Mann aus Nazareth wieder faszinierte. Weil er gut in Stimmung war, schrieb er ihm spontan einen Brief. „Hier, lies mal", sagte er wenig später zu Lars und hielt ihm einen Ausdruck hin.

Lieber Rabbi Jesus,

Sie imponieren mir gewaltig! Sie sind für mich der beste Lehrer, den ich mir denken kann. Ich wäre gern als Jünger mit Ihnen durch Galiläa und nach Jerusalem gezogen. Bestimmt hätte ich Ihnen immer zugehört, wenn Sie Ihre Geschichten vom Reich Gottes erzählten, und Ihre Wunder hätte ich bewundert. Am allermeisten hätte mich begeistert, wenn ich Sie bei Ihren Streitgesprächen mit den anderen frommen Gesetzeslehrern Ihres Volkes erlebt hätte.
Woher konnten Sie eigentlich so gut streiten, Rabbi Jesus?
Weil Sie das Gesetz Gottes einfach besser verstanden haben?
Das wollte ich Ihnen nur schreiben,

Ihr Carsten

„Oha! Starke Worte, Carsten!" Lars nickte anerkennend. „Jesus als Lehrer, der mir erklärt, worauf es in meinem Leben ankommt, damit könnte ich schon was anfangen. Auch dass er sich auf einen Streit einlässt, finde ich gut. Aber ob das alles so stimmt, wie es die Evangelisten schreiben? Ist Jesus in den Streitgesprächen wirklich immer Sieger geblieben? Carsten, im Grunde ist mir der Mann immer noch viel zu ... wie soll ich das ausdrücken? ... zu fremd. Bei uns zu Hause spielt er ja auch praktisch keine Rolle.

Übrigens, Neles Idee mit dem Reli-Chat finde ich prima: http//www/nelesrelicafe.de?" „Komm, das mailen wir den Mädchen!"

- Was meint Lars mit „Sieger bleiben" in einem Gespräch?
- Schreibt Carsten einen Kommentar zu seinem Brief.

Emil Nolde, 1915

- Seht das Bild genau an. Achtet auf die ‚Körpersprache' der Personen.
- Setzt euch in Vierergruppen zusammen. Verteilt die Rollen der Personen unter euch und spielt die im Bild dargestellte Szene. Nehmt dazu den Text von S. 90 zuhilfe.

Münzen bedeuteten in alter Zeit nicht nur Geld, mit dem man etwas bezahlte. Sie erinnerten auch an den jeweiligen Herrscher des Landes. Denn aufgeprägt waren sein Bild und die besonderen Zeichen seiner Herrschaft. Auf diese Weise blieb er ‚greifbar' nahe auch dort, wo er niemals persönlich anwesend war. Münzen wirkten als Zeichen der Macht.
In einem so ausgedehnten Reich wie dem römischen war das für den Kaiser nicht unwichtig.

Die Steuermünze mit dem Bild des römischen Kaisers war für die gläubigen Juden eine Beleidigung.
Ihren wahren Gott, JHWH, durften sie nicht bildlich darstellen; das verbot ihnen das Gesetz des Mose.
Das Bild des Kaisers war für sie ein Götzenbild, sie mussten es, weil es auf der Münze aufgeprägt war, notgedrungen anschauen und anfassen – eine Sünde!

Streit um Gottes Willen

Das Streitgespräch über die Kaisersteuer

Ein Stück in fünf Szenen
Markus 12,13–17

1. Szene
Und sie sandten zu ihm einige von den Pharisäern und von den Anhängern des Herodes, dass sie ihn fingen in Worten.

Die Gegner Jesu suchen einen Grund, ihn zu verhaften (vgl. auch Mk 12,12). Sie konstruieren eine Falle. Sie schicken Leute zu ihm, die unterschiedliche Einstellungen zur Kaisersteuer haben. Da sind die Ja-Sager, die Anhänger des Herodes, und die Naja-Sager, die Pharisäer.

2. Szene
Und sie kamen und sprachen zu ihm: Meister, wir wissen, dass du wahrhaftig bist und fragst nach niemand; denn du achtest nicht das Ansehen der Menschen, sondern du lehrst den Weg Gottes recht.
Ist's recht, dass man dem Kaiser Steuern zahlt oder nicht? Sollen wir sie zahlen oder nicht zahlen?

Diese Leute loben Jesus zunächst einmal in den Himmel. Was sie über ihn sagen, entspricht dem Idealbild eines Rabbi. Danach erst kommen sie zur Sache: Sollen wir Juden dem römischen Kaiser Steuern zahlen? Das ist die Falle. Sagt Jesus nein, ist er ein Hochverräter und wird zum Tode verurteilt. Sagt er ja, verrät er seinen Gott, seinen Glauben, sein Volk.

3. Szene
Er aber merkte ihre Heuchelei und sprach zu ihnen: Was versucht ihr mich? Bringt mir einen Silbergroschen, dass ich ihn sehe!

Jesus durchschaut das Spiel. Er wechselt das Thema: „Ihr wollt mich doch nur ‚reinlegen!'" Dann bestimmt er, wie es weitergehen soll: Er lässt sich eine Steuermünze bringen. Sie sehen, er selbst besitzt nichts, zahlt also auch keine Steuern; das Problem betrifft ihn selbst gar nicht.

4. Szene
Und sie brachten einen. Da sprach er: Wessen Bild und Aufschrift ist das?
Sie sprachen zu ihm: Des Kaisers.

Sie aber können ihn mit einer Münze, woher auch immer, bedienen. Damit hat er sie überlistet. Vor aller Augen haben sie sich an einem Kaiserbild, dem Götzenbild, die Hände schmutzig gemacht. Dann müssen sie auch noch vorlesen, was auf der Münze steht: *Kaiser Tiberius, des göttlichen Augustus Sohn ...* Damit sprechen sie eine Gotteslästerung aus. Die Fallensteller sind selbst in eine Falle geraten.

Tiberius-Denar

5. Szene

Da sprach Jesus zu ihnen: So gebt dem Kaiser, was des Kaisers ist, und Gott, was Gottes ist.
Und sie wunderten sich über ihn.

Jetzt erst antwortet Jesus zur Sache. Er will Klarheit schaffen. Aber was meint der Satz? Jedem ein bisschen? Dem Kaiser Geld und Gott das Herz? Die Antwort Jesu ist radikaler: Israel mit Volk und Land gehört allein seinem Gott, nicht dem Kaiser; also kann der auch nichts fordern von dem, das ihm nicht gehört. Jesus zieht einen scharfen Trennungsstrich zwischen dem römischen Reich und Gottes Reich. Die Zuhörer müssen sich entscheiden, wo sie stehen. Dann können sie sich die Steuerfrage selbst beantworten.

- Welchen Maßstab gibt Jesus seinen Zuhörern für ihr Verhalten?
- Hat Jesus die Ausgangsfrage eigentlich beantwortet?

Gleichnisse sind kurze Geschichten, die in bildhafter Sprache aussagen, was sonst verborgen ist. Wenn Jesus das Reich Gottes ‚erklären' wollte, erzählte er solche Geschichten. Seine Zuhörer verstanden diese Geschichten, die er ihnen mit Worten vor Augen malte, ganz unmittelbar. Denn es waren Bilder aus ihrer eigenen Welt. Wir heute müssen uns in diese ferne Welt erst hineindenken, um die Bilder überhaupt mit unserem inneren Auge sehen zu können.

Licht auf Gottes neue Welt

Gewissheit und Zweifel

Es war schon bald Mitternacht. Lena konnte nicht schlafen. Wieder so ein Tag, an dem sie sich hin und her gerissen fühlte! Abends die Chorprobe zum „Messias", da war einfach alles so klar. „Ich weiß, dass mein Erlöser lebet" – sie hätte die Sopran-Arie aus vollem Herzen mitsingen können. Dann zu Hause die beiden eMails von Nele und den Jungs, und nichts war mehr klar! Sie hatte schließlich ihre Tagebuchdatei aufgerufen und geschrieben:

Tagebuch

Donnerstag 24.06.	Nele hat Recht. Woran sollen wir Christus erkennen? Für Johannes den Täufer und die Zeitgenossen Jesu waren die Wunder eindeutige Zeichen. Vielleicht müssen wir nach neuen Wundern suchen, nicht irgendwelchen natürlich; sie müssen schon im Namen Jesu geschehen. Obwohl – das ist mir alles noch zu unsicher. Ich beneide die Leute damals in Galiläa und Jerusalem. Die haben gemerkt: Wo Jesus war und wo er seine Wunder tat

Lena hatte ihren Tagebucheintrag hier abgebrochen. Aber zur Ruhe kam sie noch lange nicht. Sie nahm sich vor, bei den Gleichnissen nachzulesen, was Jesus über das Reich Gottes erzählt hatte. Und dann würde sie sich mit Nele zusammensetzen und mit ihr über diesen schwierigen Jesus von Nazareth reden. Zu einem Chat im „Reli-Café im Internet" hatte sie eigentlich wenig Lust.

- Lena fühlt sich in ihrem Glauben manchmal hin und her gerissen zwischen Gewissheit und Zweifel. Wählt eines der Probleme, die sie sieht, aus, bildet dazu eine Kleingruppe und überlegt gemeinsam, wie ihr an die Lösung des Problems herangehen würdet.
- Schreibt Wünsche für Lena auf. Orientiert euch dabei an den Gleichnissen vom Senf und Sauerteig.

Die Senfstaude ist eine einjährige Gemüsepflanze. Sie wird auf freiem Land angebaut, aber auch in Gärten. Aus einem Samenkorn von nur 1 mm wird sie oft 2 m hoch und höher.
Die Pflanze verzweigt sich vielfältig und treibt zahlreiche gelbe Blüten. Sie ist noch heute am See Genezareth ein auffallendes Gewächs.

Sauerteig hat in der jüdischen Küche bis heute eine große Bedeutung. Das ganze Jahr über wird Sauerteigbrot gegessen. Ungesäuertes Brot gibt es bei strenggläubigen Juden nur an Pessach, wenn sie sich an den eiligen Aufbruch ihrer Vorfahren aus Ägypten erinnern, als den Hausfrauen keine Zeit mehr blieb, den Sauerteig unter das Mehl zu kneten und den ganzen Brotteig gären zu lassen.

Das Gleichnis vom Senfkorn

Er aber sprach: Wem gleicht
das Reich Gottes, und womit
soll ich's vergleichen?

Es gleicht einem Senfkorn,
das ein Mensch nahm
und in seinen Garten säte;
und es wuchs ...

und wurde ein Baum,
und die Vögel des Himmels
wohnten in seinen Zweigen.

Lukas 13,18–19

Die Zuhörer

Sie werden neugierig und hören zu.

Wie der Senf wächst und die Hausfrau Brot backt, das wissen sie. Ja, so ist es, denken sie. Dann aber werden sie stutzig.

Ein Baum? Senf wird zwar über zwei Meter hoch, aber niemals ein Baum!

Ein halber Zentner Mehl? Das würde für mindestens 50 Brote reichen und zwei Kilo Sauerteig benötigen. Von der Schwerstarbeit für eine einzige Frau ganz abgesehen!

Sie merken: Jesus redet nicht mehr von etwas Alltäglichem. Er hat sie in ihrem Alltag abgeholt, nun öffnet er ihnen die Augen für eine neue Welt. Sie ist noch verborgen, aber schon genau so wirklich wie ihre Alltagswelt: Jetzt noch winzig wie ein Senfkorn, bald schon üppig wie ein Baum, in dem sich Scharen von Vögeln versammeln. Jetzt noch wie ein Klumpen Sauerteig, bald schon Brot für Hunderte von Menschen.

Die Zuhörer werden gestaunt haben: So also verhält es sich mit dem Reich Gottes!

Das Gleichnis vom Sauerteig

Und wiederum sprach er:
Womit soll ich das Reich
Gottes vergleichen?

Es gleicht einem Sauerteig,
den eine Frau nahm ...

und unter einen halben
Zentner Mehl mengte,
bis es ganz durchsäuert war.

Lukas 13,20–21

Das Festmahl als Bild für das Reich Gottes war den Menschen zur Zeit Jesu geläufig.
Es sprach vor allem die armen Leute an, die sich selbst solche Feste nicht leisten konnten.

Die Einladung zu einem großen Fest erging immer persönlich und erfolgte in zwei Stufen:
Einige Wochen vorher kündigte der Gastgeber das Fest an und bat zu kommen; die Einladung auszuschlagen,war schon zu diesem Zeitpunkt unhöflich, aber gestattet; bei den Vorbereitungen des Festes durften die Gäste nicht stören; wenn alles gerichtet war, wurden sie – wieder persönlich – gebeten, nun in das Haus des Gastgebers zu kommen.

Wie ein großes Fest

Das große Gastmahl

Ein Mann gab einmal ein großes Essen,
und zur Stunde des Mahls sandte er seinen Knecht aus,
den Geladenen zu sagen:
„Kommt, nunmehr ist alles bereit!"

Und auf einmal begannen alle, Entschuldigungen vorzubringen.
Der erste sagte:
„Ich habe einen Acker gekauft,
und ich muss ihn unbedingt anschauen gehen.
Ich bitte dich, betrachte mich als entschuldigt."
Und der nächste sagte:
„Ich habe fünf Joch Ochsen gekauft,
und ich gehe gerade, sie in Augenschein zu nehmen.
Ich bitte dich, betrachte mich als entschuldigt."
Und der dritte sagte:
„Ich habe eben geheiratet,
deshalb kann ich nicht kommen."

Und der Knecht kam zurück und meldete es seinem Herrn.
Da wurde der Hausherr zornig
und sagte zu seinem Knecht:
„Geh schnell hinaus auf die Straßen,
und wen du findest, bringe herein!"

Der Knecht tat, wie ihm befohlen.
Und das Haus wurde voll: Gäste überall!

nach Lukas 14,5–24

- Stellt euch vor: Alle Personen, die in der Geschichte vertreten sind, treffen zufällig noch einmal zusammen. Nun müssen sie Rede und Antwort stehen
  - zu ihrem Verhalten,
  - zu ihren Erfahrungen,
  - zu ihren Gefühlen.
- Wer hat sich nach eurem Eindruck am Ende am meisten gefreut? Warum?
- Was deckt diese Erzählung über das Reich Gottes auf?

Eva Degenhardt, 1987

- Das Bild von Eva Degenhardt lädt dazu ein, es mit den Augen zu durchwandern.
- Auf welchem Teil des Bildes ruht euer Blick am längsten? Beschreibt diese Stelle und ihr Umfeld. Beschreibt, was ihr von hier aus über die Mitte des Bildes wahrnehmt.
- Welche Verbindungen seht ihr zwischen diesem Bild und der Erzählung vom großen Gastmahl?
- Lena, Carsten, Lars und Nele wollen sich darüber klar werden, was Jesus für sie bedeutet. Wie kann ihnen das Bild dabei helfen? Schreibt ihnen eure Gedanken zu dem Bild.

Zusammen leben – miteinander auskommen

Was ist gut oder böse? Was sollen wir tun?
Was verbindet oder verletzt Menschen?
Was hilft, miteinander in Frieden zu leben?
Solchen ethischen Fragen nach unserem
Zusammenleben begegnet ihr in diesem Kapitel:
Es geht um unser Verhältnis zu anderen Menschen
und zugleich um die gute Beziehung zu Gott.

Hände, seit zehntausend Jahren in einer argentinischen
Höhle im Fels zu sehen
Bedeuten die Abdrücke Hilferufe oder Gebete?
Bekräftigungen zu einem Beschluss?
Zustimmungen zu einem Bündnis?

Der Evangelist Matthäus hat das Gebet Jesu, das Vaterunser, als Anweisung für Gemeinden unterschiedlicher Herkunft und Lebensgewohnheiten überliefert.

Das Vaterunser

Das Vaterunser

Unser Vater im Himmel!
Dein Name werde geheiligt
Dein Reich komme.
Dein Wille geschehe wie im Himmel so auf Erden.
Unser tägliches Brot gib uns heute.
Und vergib uns unsere Schuld,
wie auch wir vergeben unseren Schuldigern.
Und führe uns nicht in Versuchung,
sondern erlöse uns von dem Bösen.
Denn dein ist das Reich und die Kraft
und die Herrlichkeit in Ewigkeit.
Amen.

Sorg dich nicht um den Himmel

Sorg dich nicht um den Himmel,
für den lass die Weisheit Gottes sorgen.
Sicher wird er anders ausfallen,
als wir uns vorstellen können.
Aber um diese Erde,
die Gott uns vertraut hat,
darfst du dich ruhig weitersorgen,
ohne sein Gebot zu verletzen.
Es wird den Lilien nicht schaden,
wenn du ein Gärtner bist,
und wenn du im Winter die Vögel fütterst,
gibt's schon im Frühjahr mehr Gesang.
Und erst recht für den Nächsten,
auch wenn er dich nicht kennt,
darfst du noch mehr und besser sorgen,
nicht nur mit abgetragenen Kleidern.
Jedoch täglich sorglos und unbekümmert
lass deine Liebe wachsen!

Christine Busta

- Seht euch das Gebet Jesu an. Welche Sorgen und Hoffnungen könnt ihr darin erkennen? Zählt sie anhand der sieben Bitten mit euren Worten auf.
- Von welchen Sorgen und Hoffnungen spricht das Gedicht von Christine Busta?

Sorgenkasper

„Manchmal", sagt Vater bei der Tagesschau nach dem Abendessen, „möchte ich gar nicht mehr hinsehen. Es kommt mir vor, als wäre das Leben aus nichts als Unheil gemacht. Auf der ganzen Welt nur Krieg und Katastrophen! Im Ausland und jetzt auch bei uns Armut und Elend! In der Politik sorgt jeder nur für sich selbst."
„Du hast ja immer noch den Sport", beschwichtigt ihn Mutter, während sie am Abendbrottisch sitzt.
„Wenn wir nur alle den Mut hätten, tüchtig aufzuräumen!", seufzt Vater und beendet die Diskussion. Mutter aber fügt hinzu: „Aufräumen müssen wir immer wieder. Komm, hilf mir den Tisch abräumen!"

- Kennt ihr solche Szenen? Setzt das Gespräch im Spiel fort.

Das hebräische Wort *Tora* hat zwei Bedeutungen:
– Nachdem das Volk Israel aus der Knechtschaft Ägyptens befreit wurde, empfing es in der Wüste Sinai die Tora. Sie enthält die *Weisung Gottes*, wie das Volk Israel leben soll. Die 10 Gebote sind eine Zusammenfassung der Weisung Gottes.
– Es ist auch eine Bezeichnung für die *fünf Bücher Mose*.

Die Tora nennt Gebote, die zum Leben helfen. Sie erzählt, wie Menschen miteinander zurechtkommen und scheitern. Sie nennt Regeln für das Zusammenleben, Vorschläge für Feiern und Gottesdienste, Ratschläge der Eltern für ihre Kinder. All das ist *Tora:* Anleitung zum Leben, gute Beziehung zu Gott. Diese *Tora* ist ein Geschenk, für das Menschen dankbar sind.

Wenn über ein Jahr hin die Wochenabschnitte der Bibel ganz gelesen sind, feiert die jüdische Gemeinde ein Fest der Dankbarkeit: *Simchat Tora,* das Fest der Torafreude.
Man singt und tanzt und ehrt die kostbar geschmückten, schön gekleideten Schriftrollen. Alle sind froh, dass Gottes Wort neu gehört wird und die Lesungen wieder beginnen.

- Inwiefern lässt sich auch das Vaterunser als Tora bezeichnen?

AIDS (**A**cquired **I**mmune **D**eficiency **S**yndrome) ist eine Erkrankung des körpereigenen Abwehrsystems. Ein Virus verhindert, dass sich genügend weiße Blutkörperchen als „Wachmannschaft des Körpers" gegen eindringende Infektionen bilden. AIDS wird durch Blut übertragen, durch ungeschützten sexuellen Verkehr und durch erkrankte Mütter auf ihre Babies.

Berührungen, gemeinsames Essen von einem Geschirr oder Küsse und Zärtlichkeiten sind keine Gefahr. Viele, die dies nicht wissen, reagieren abweisend und brechen alle Kontakt zu AIDS-Kranken ab.

Gott handelt wie eine Freundin und Mutter

Mehr als eine Suppe

Sie waren ehrenamtliche Helferinnen in einer großen Universitätsklinik. Jeden Tag, wenn sie Feierabend hatten, gingen Elfriede F. und Heidrun L. zu den Mitarbeiterinnen auf der AIDS-Krankenstation. „Was gibt es heute zu tun?"

Oft aber lauteten die Fragen auch: „Was macht Friedrich?" oder „Hat Christoph die Nacht überlebt?"

Zweimal in der Woche kochten die beiden Frauen Suppe für die Patienten, die ambulant behandelt wurden. Sie betreuten ein Patienten-Café, in dem es außer Kaffee, Kuchen und Cola auch die Möglichkeit gab, sich auszusprechen und seinen Kummer auszuweinen. Sie luden Kranke zu sich nach Hause ein oder gingen mit ihnen ins Konzert. Oft saßen sie auch am Bett von Sterbenden und halfen ihnen, das Leben los zu lassen.

„Das Wichtigste für die Menschen ist das Gefühl, dass jemand da ist, der sich für sie interessiert, sich um sie kümmert", sagte Elfriede F. einmal einem Zeitungsreporter, und: „Wenn ein Patient, der drei Wochen nichts gegessen hat, mir sagt, dass ihm die Suppe geschmeckt hat, ist das mehr Wert als jede Ehrung und jeder Orden. Probleme gab es für die beiden Frauen zu Hause und bei Nachbarn und Freunden. Manche fürchteten, der Kontakt mit den AIDS-Kranken bringe Lebensgefahr für die Helferinnen mit sich. Elfriedes Mann hatte Geduld und hielt zu ihr, auch wenn er sich fürchtete und nicht immer verstand, warum seine Frau sich mit so großem Einsatz und beherzt um die Patienten kümmerte.

Als die beiden Frauen mit der Bundesverdienstmedaille geehrt wurden und der städtische Gesundheitsdezernent ihnen die Urkunden überreichte, sagte Heidrun L.: „Der soziale Tod, der manche AIDS-Patienten lange vor dem eigentlichen Tod sterben lässt, macht uns traurig und wütend."

- Seht euch das Foto an: Was sagen die Hände der beiden Frauen? Wie deutet ihr ihren Gesichtsausdruck?
- Erklärt den Begriff „sozialer Tod".

Menschen sagen:

„Wie fern und unnahbar ist doch Gott! Kann man überhaupt mit ihm reden oder mit ihm rechnen?"

Ein Berufsschüler schrieb einmal in sein Heft:

„Bei dem Wort Gott denke ich an etwas Mächtiges und etwas Übermenschliches, ein Wesen, das große Gewalt ausüben kann."

Ein sonderbares Gericht

In der Bibel wird vom Weltgericht am Ende aller Zeiten erzählt. Da erscheint Gott auf einem Thron als Richter, der die Menschen nach ihren Taten beurteilt. Brennende Höllenqualen oder himmlische Freuden stehen bevor.

Die Menschen sind entsetzt, wenn der Richter sie verurteilt: „Was ihr meinen geringsten Schwestern und Brüdern nicht getan habt, habt ihr auch mir nicht getan."

Und sie wundern sich, wenn Gott sagt: „Ihr seid gerettet, denn was ihr einem der Geringsten getan habt, habt ihr mir getan."

„Was haben wir denn getan?", fragen sie den Mächtigen auf seinem Thron. Und seine Antwort erstaunt alle.

„Ihr habt Kranke besucht und Fremde aufgenommen. Ihr seid bei den Strafgefangenen gewesen und habt die Bedürftigen mit Kleidern, Essen und Trinken versorgt."

„Aber war das nicht alles selbstverständlich? Sollte man sich vorher überlegen, welchen Lohn es für solche Barmherzigkeit geben würde? Musste man nicht zupacken und helfen, wenn man die Not zu sehen bekam?" So fragen die einen.

Und die anderen beklagen sich: „Konnten wir denn vorher wissen, in welcher Verkleidung der Richter uns begegnen würde?"

- Überlegt euch, warum es sich um ein sonderbares Gericht handelt.
- Vergleicht die verschiedenen Äußerungen in der Erzählung über das Weltgericht und die Äußerungen über Gott oben auf dieser Seite.
- Ihr könnt diese Erzählung im 25. Kapitel des Matthäus-Evangeliums (Mt 25,31-46) nachlesen.

Eigenständig handeln,
Hand in Hand arbeiten,
die Hand ins Feuer legen für einen Freund.

Schnell zur Hand sein,
nicht Hände reiben und Händel suchen,
jemanden gut behandeln,
die Hand zur Versöhnung reichen.

Die Hand erheben zum Gruß,
eigenhändig,
mit persönlicher Handschrift
werken und wirken.

Just Community heißt ein besonderer Schulversuch. In enger Zusammenarbeit von Schülern und Lehrern soll eine ‚gerechte Gemeinschaft' entwickelt werden. Gemeinsam tragen alle Verantwortung. Wo Probleme sich auftürmen oder Interessen aufeinander prallen, suchen alle nach fairen Lösungen. Demokratische Klärung ist gefragt. Gesprächsleiter werden von der ganzen Klasse gewählt. Verfügungsstunden stehen fest im Stundenplan.

Wo zwei oder drei sich zusammentun …

Ein Aufruf

Eines Morgens fand Simone einen Aushang im Foyer der Schule. Sie lachte, als sie den Aufruf las, besonders über das Gekritzel, das Oliver aus ihrer Klasse hinzugefügt hatte.

Dann wurde sie nachdenklich. Kerstin kannte sie, den komischen Christian auch. Aber Elke aus der Sieben war schon stellvertretende Schulsprecherin und bekannt wegen ihres großen Ernstes, mit dem sie an alle Sachen heranging. Den ganzen Vormittag dachte sie nach. Dann schob sie in der fünften Stunde schnell einen Zettel zu Oli hinüber: „Ich mache mit!" Oli blinzelte ihr zu.

Drei Tage später kam es zum ersten Clubtreffen. Simone war als Erste da. Sie brachte viele Zeitungsausschnitte und Bilder mit und wurde ein bisschen rot, als sie alles auf den Tisch legte: „Wo sollen wir anfangen?", frage Frau Hoger, Simones Klassenlehrerin und Projektleiterin, die in ihre Wohnung eingeladen hatte.

„Wichtig ist die Schulordnung …"

„… der ständige Streit in der Klasse muss aufhören."

„Wer soll ihn schlichten?"

„Gewalt auf dem Schulhof muss geringer werden."

„Ein Nachbar quält seinen Schäferhund."

„Die Schulbusse sind mittags immer überfüllt."

„Wer sammelt für Erdbebenopfer?"

„Was wird aus der Partnerschaft mit der Schule in Ruanda?"

Die Stimmen überschlugen sich. Plötzlich trat ratlose Stille ein, weil Frau Hoger eine Frage stellte: „Wollt ihr gleich weltweit tätig werden?"

Dann nahm Frau Hoger aus ihrer Geldbörse einen winzigen Gegenstand: Ein Samenkorn, das sie mit zwei Fingern vorsichtig auf ein Blatt Papier legte. „Seht mal", sagte sie, „das ist Getreidesamen, aus dem Halme, Ähren und Brot entstehen – so klein kann man anfangen, wenn man ein großes Ziel vor Augen hat."

- Fallen euch ähnliche Aufgaben ein? Was gibt es an eurer Schule und in eurer Stadt zu tun? Worum kümmert sich bisher niemand?
- Stellt eine Liste zusammen und besprecht die Rangfolge einzelner Aufgaben. Welche könnt ihr anpacken? Wo braucht ihr fremde Hilfe?
- Käme auch für euch solch ein Club in Frage? Erkundigt euch nach Just Community – fragt eure Lehrerinnen und Lehrer.

Einer von Simones Zeitungsausschnitten:

Angst in der Stadt

Schüler sagen: Man muss schnell laufen können

Das Jugendzentrum verkommt. Betritt man das Anwesen, so ist das der erste Eindruck. In den Gängen liegen zerfledderte Akten. Ein Fotokopierer, der längst den Geist aufgegeben hat, blockiert die Tür zum WC. Im Hof rosten verschiedene Autoteile vor sich hin. Was ist los mit den Jugendlichen, die hier in Eigenregie wirken sollten?

Fragt man einen Betroffenen, so erntet man ein Achselzucken: „Das ist eben so gekommen“. Warum und wieso aber das einst mustergültige Zentrum heute diesen desolaten Anblick bietet, sollte eine Konferenz klären, an der vergangenen Mittwoch Mitglieder des Schülerparlaments, Vertreter der Stadt und der Vorstand des Jugendhauses e. V. teilnahmen. Das Ergebnis: Jugendliche sind durchaus nicht auf dem Rückzug aus der Verantwortung. „Wir wollen einladende Spielplätze, Flächen für Skateboarder und Aufenthaltsräume für alle Altersgruppen“, sagt ein Sprecher, „aber wir sind überfordert. Natürlich machen wir uns Gedanken darüber, wie man den Drogenhandel vom Jugendzentrum fernhalten kann.“ Auch die dauernden Streitigkeiten zwischen türkischen und kurdischen Jugendlichen waren Thema. Aber, so wieder eine Stimme aus dem Schülerparlament, Drogenhandel und aggressives Verhalten seien nicht allein Sache des Jugendzentrums, sondern Probleme der ganzen Stadt.

Kann man sich hier wohlfühlen?

Polizeirat Klausner, als Fachberater eingeladen, konnte den Berichten Jugendlicher nur zustimmen: Man traut sich abends nur noch in Gruppen durch die dunkleren Gassen der Altstadt. Einer, der schon von Unbekannten zusammengeschlagen worden war, wusste als einziger Rat: „Wenn du gefragt wirst, warum du einen so anstarrst oder ob du über einen lachst, ist das schon der Beginn eines Angriffs. Dann hilft nur noch schnell rennen.“

Anwesende Schülerinnen betonten, man traue sich kaum noch in die Fußgängerzone, schon gar nicht auf den Bahnhofsvorplatz, wenn es dunkel wird. Davon können schon Kids ein Lied singen. Neulich, so berichteten Schülerinnen der fünften Klasse, hätten ältere Jungen in kleinen Gruppen ihren Schulweg blockiert, um sie zur Hergabe von Bargeld zu zwingen.

„Die meisten Jugendlichen die von zu Hause weglaufen", meint ein Sozialarbeiter, „finden es überall besser als da, wo sie herkommen.
Mich wundert nicht, dass so viele von einem Reich der Freiheit träumen."

Gibt es den Himmel auf Erden?

Ein verlorener Sohn

Iris war ganz aufgeregt. Sie stürzte auf Simone zu und sagte fast atemlos: „Denk dir, was ich am Wochenende erlebt habe!" „Einen Erdrutsch. Euer Ferienhaus ist eingestürzt", ulkte Simone.

„Unsinn! Ich habe Jan gesehen, unseren ehemaligen Schülersprecher."

„Den Jan?" Simone betonte das „den" und zog es in die Länge.

Iris hatte Jan auf der Straße gesehen. Er war der Star der Schule gewesen. In den großen Schülerversammlungen war er selbstbewusst und mit eleganten Redebeiträgen aufgetreten. Er konnte auch die jüngeren Mitschüler begeistern. Mit schwierigen Lehrern ging er überaus einfühlsam um. Kaum etwas misslang ihm. Vor einem Jahr hätte ihm eine Bundesligamannschaft beinahe einen Vertrag als Profifußballer gegeben.

Das Abitur hatte er mit Glanz bestanden. Dieser Jan saß also auf der Straße auf einer schmalen Plastikrolle in der Fußgängerzone nicht weit vom Hauptbahnhof.

„Nicht bei uns", ergänzte Iris, „sondern in Frankfurt. Jan hatte einen Blechkasten vor sich. Wenn man sich näher heranpirschte und den Hals lang machte, sah man ein paar Münzen darin. Vielleicht drei, vier Mark", schätzte Iris. „Das berühmte Pappschild war auch dabei. ‚Bin auf der Durchreise und mittellos' war darauf zu lesen." „Was hatte Jan an?" „Eigentlich nichts besonderes", erinnerte sich Iris, „Jeans und Pullover, sehr lässig, ein bisschen schmuddelig."

„Hast du mit ihm gesprochen?", wollte Simone wissen. „Nein, ich habe mich ganz schnell verdrückt."

- Jan auf der Straße: Was können seine Mitschüler tun? Jan ansprechen …
  Wie würde Jan reagieren? Beachtet das Zitat des Sozialarbeiters.
- Sammelt Ideen und diskutiert sie. Formuliert einen Brief an Jan.

Jesus hat von einem Vater und seinen Söhnen dies erzählt:

Ein Mensch hatte zwei Söhne.
Und der jüngere von ihnen sprach zu dem Vater:
Gib mir, Vater, das Erbteil, das mir zusteht.
Und er teilte Hab und Gut unter sie.
Und nicht lange danach sammelte der jüngere Sohn
alles zusammen und zog in ein fernes Land …

- Schreibt diesen Erzählanfang weiter. Die vollständige Geschichte findet ihr im 15. Kapitel des Lukas-Evangeliums.

- Betrachtet das Foto. Überlegt euch, welche Gedanken sich die Jugendliche möglicherweise macht.

Die *Restaurants du cœur* wurden in Paris erfunden und in vielen europäischen Städten eingerichtet. Bekannte Künstler, Sänger und Schauspieler verbündeten sich mit berühmten Gastronomen und richteten preiswerte Lokale ein.
Köche und Kellner arbeiteten mit Unterstützung eines Vereins, der ihren Lohn sicherstellte.
In deutschen Großstädten heißen diese Gaststätten auch „Lobby-Restaurants“.

Brot für heute – Herzlichkeit für alle Tage

Eine besondere Speisekarte

TAGESKARTE

Gemüseeintopf	0,50 – 4,50 EUR
Gulaschsuppe m. Brot	0,50 – 4,50 EUR
Bratkartoffeln m. Ei und Schinken	1,50 – 6,00 EUR
Strammer Max	1,50 – 9,00 EUR
Scholle mit Dillkartoffeln	2,00 – 12,00 EUR

So sieht die Tageskarte in einem „Restaurant des Herzens“ aus. Man zahlt für eine Speise den Betrag, den man aufbringen kann. Familien mit mehreren Kindern oder Empfänger von Sozialhilfe zahlen weniger als die Geschäftsleute oder Büroangestellten, die hier ihre Mittagspause verbringen.

Jeder soll satt werden. Niemand muss draußen bleiben. Wichtig ist, dass auch Menschen am Rand der Gesellschaft hier einen schön gedeckten Tisch, eine freundliche Atmosphäre und eine wohlschmeckende Mahlzeit vorfinden.

Ein besonderes Schulbrot

In einem Schulgottesdienst zu Beginn des Schuljahres wurden Eltern und Lehrer eingeladen, ein riesengroßes Brötchen aus Pappe mit Zutaten zu belegen, die ebenfalls aus starkem Papier geschnitten waren.

Es ging aber nicht nur um Wurstscheiben, Möhren oder Käse. Es waren nicht nur Bananen oder Nusscreme gefragt, sondern alles, mit dem sich Leib und Seele der Kinder nähren und stärken konnten. Zum Beispiel: Freunde auf dem Schulhof, sichere Schulwege, nette Banknachbarn, Spaß am Lernen, Nachsicht und Verständnis ...

Alle erhielten einen bunten Stift und die aus Packpapier geschnittene Form eines Brotbelages: Eine Wurstscheibe oder ein Stück löchrigen Käse, eine Mohrrübe oder Banane, ein Büschel Petersilie oder einen Schokoladenriegel. Auf diese Vorlagen konnten die gewünschten „Lebensmittel“ geschrieben werden. Die einzelnen Teile wurden dann zwischen die großen Papp-Brötchenhälften eingefügt und alles zusammen an einer vorbereiteten Hartfaserplatte befestigt.

Den Gottesdienstbesuchern machte es Spaß, neue und lebenswichtige Zutaten zu finden, mit denen sie ihren Kindern die kommende Schulzeit erträglich gestalten konnten.

Es entstand ein Pausenbrötchen mit Herz, ein „Zukunftsburger“, wie ihn ein Vater nannte.

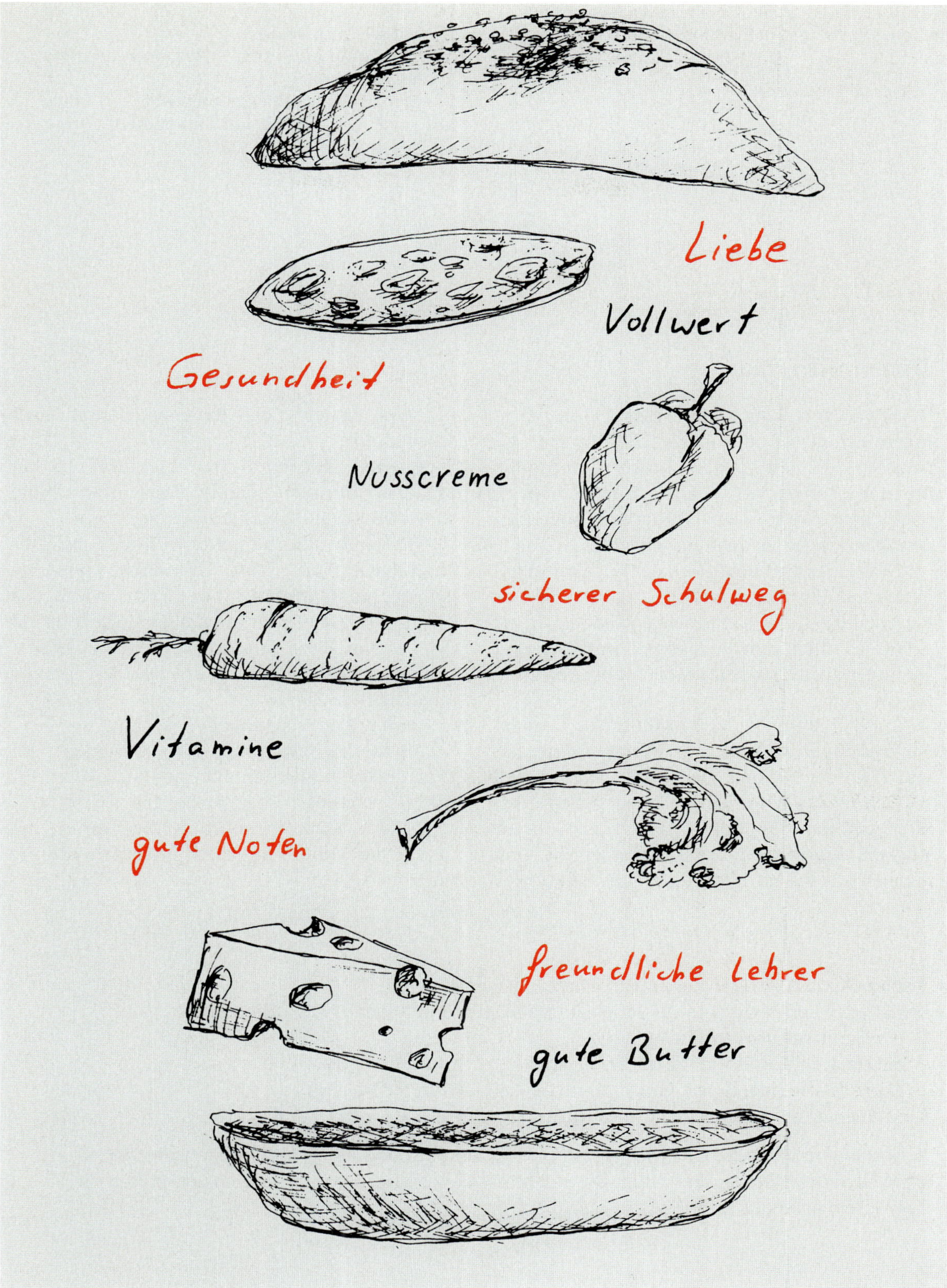

Sonja Piechota, 2000

- Gestaltet einen solchen „Zukunftsburger" nach euren Wünschen.
  Fügt hinzu, was sich die Gäste im „Lobby-Restaurant" über ein gutes Essen hinaus wünschen.

Das Wort *böse* kann verschiedene Bedeutungen haben. Ein Wörterbuch gibt folgende vier Beispiele:

„Sie ist ein böser Mensch."
„eine böse Verletzung"
„ein böses Kind"
„Sie ist böse auf mich."

Was viele Leute *böse* nennen, ist oft Hilflosigkeit,
Angst oder Unsicherheit.
Auch Übermut und Langeweile verbergen sich
in diesem Wort.
Wenn man das Böse bekämpfen will,
hilft die Frage nach seinem wahren Kern.

Erlöst vom Bösen

Torte und Terror

Der Küster war wütend. Eine kleine Gruppe von Jugendlichen saß die ganze Zeit im Flur vor dem Saal der Frauenhilfe. Drinnen wurde Geburtstag nachgefeiert. Vor der Tür rauchten sie wie Dampflokomotiven. Die Kippen landeten auf den Steinfliesen des Gemeindehauses.

Demonstrativ bückte sich der Küster und hob einige auf. Es war vergebens. Auch seine vorwurfsvollen Blicke waren verschwendet. Er versuchte es mit Bitten, mit leisen Ermahnungen. Die Jugendlichen unterhielten sich weiter, als sei er Luft.

Endlich war der Frauenhilfekaffee beendet. Naserümpfend strömten die Damen heimwärts, vorbei an der Gruppe. Der Küster bereitete sich auf den Abwasch vor, einige Frauen halfen. Sein Blick fiel auf ein halbes Tablett mit Tortenstücken. Kurzentschlossen packte er die köstlichen Reste und trug sie hinaus zu den jungen Leuten.

„Hier! Vielleicht habt ihr Appetit. Lasst's euch schmecken."

Die Jugendlichen nickten und griffen zu. Ein Mädchen murmelte „danke". Der Küster wandte sich wieder dem Abwasch zu.

Eine halbe Stunde später wollte er das Haus abschließen. Frauen und Jugendliche waren gegangen. Sein Blick fiel auf den Platz, wo die vier gesessen hatten. Da lag ein halbes Stück Torte auf dem Boden. Das Tortenpapier steckte gefaltet mitten im Kuchenbrei ringsum dekoriert von vier angerauchten Zigaretten.

Dem Küster wurde übel.

Als Stefan, sein Sohn, diese Geschichte im Club erzählte, meinten alle spontan: „Hier hilft nur Hausverbot." Aber Stefan gab wieder, was sein Vater beim Abendbrot gesagt hatte: „Ich denke, die wollten nur noch mehr Zuwendung und Liebe."

- Kann man das Verhalten der Jugendlichen als böse bezeichnen?
- Bildet zu dieser Geschichte vier Arbeitsgruppen und führt folgende Diskussionen:
  - der Gemeindevorstand berät
  - die Frauenhilfe trifft sich zu diesem Thema
  - eine Arbeitsgemeinschaft von Pfarrern und Lehrern nimmt Stellung
  - Schülervertreter suchen nach Lösungen.

  Anschließend bringt ihr eure Meinung in einen „Planungspool" ein: Je ein Gruppensprecher sitzt im Kreis in der Mitte und berichtet. Die Ergebnisse dieser Sprechergruppe hören und prüfen alle. Entwickeln sich neue Ideen?

Franziskus lebte von 1182 bis 1266 in der Stadt Assisi in Italien. Er war der reiche, verwöhnte Sohn eines Tuchhändlers.
Im Jahr 1203 verzichtete er jedoch auf das Geld seines Vaters und „verlobte" sich mit der Armut. Er wollte leben wie die Jünger Jesu und berief sich auf die Bibel. Mit Freunden gründete er einen Bettelorden.
Sie nannten sich *Fratres Minores* – „Minderbrüder".
Der Orden wurde 1209/10 vom Papst anerkannt.
1228 sprach die Kirche Franz von Assisi heilig.

In der katholischen Kirche werden Menschen, die in besonderer Weise ein gottgefälliges Leben geführt haben, vom Papst heilig gesprochen.

Gewagte Zuwendung

In zahlreichen Legenden wird vom Leben des armen Franziskus erzählt. Man sagt, dass er die Sprache der Tiere verstand und ihnen Predigten über Gottes liebevolle Zuwendung hielt. Eine Legende beschreibt, wie sehr sich die Bewohner eines ganzen Dorfes vor einem reißenden wilden Wolf fürchteten. Lämmer und Gänse waren vor ihm nicht sicher. Kinder konnten nicht mehr im Freien spielen. Wer unbewaffnet aufs Feld ging, schwebte in Gefahr. Selbst mutige Jäger blieben lieber zu Hause. Das Dorf hieß Gubbio.

Auf dem Weg nach Gubbio soll Franziskus eines Tages dem Wolf begegnet sein. Franziskus trug keine Waffe bei sich; dennoch floh er nicht voll Schrecken, sondern ging dem gefährlichen Tier entgegen und redete es freundlich an. Der Wolf blieb stehen und hörte den Menschenworten aufmerksam zu. Dann ließ er sich von Franziskus umarmen und streicheln. Von dieser Begegnung an trottete der Wolf zahm und friedlich hinter ihm her und verschonte auch die Lämmer des Dorfes. Niemand musste sich mehr fürchten, wenn es hieß: Der Wolf läuft ums Dorf!

- Welche Rolle spielt der Wolf hier? Was verkörpert er? Was meint die Redensart „Wolf im Schafspelz"? Denkt an Märchen, die ihr kennt. Welche Eigenschaften stellen sie dar?

Weil Ladendiebstähle ständig zunehmen, haben manche Stadtverwaltungen beschlossen, einen Beauftragten der Polizei und Mitarbeiter des Jugendamtes einzusetzen, wenn Jugendliche Waren mit geringerem Wert gestohlen haben. Diese Beauftragten können mahnen und Auflagen anordnen. In der Regel wird damit ein Verfahren vor dem Jugendrichter vermieden. Fachleute raten: Jugendliche sollten keinesfalls die „Privatstrafen" der Geschäftsinhaber vorab bezahlen.

Mut zur Versöhnung

Freundinnen

Tanja und Elke bummelten durch die „Goldene Drogerie". Tanja trug den Drahtkorb, in den sie Zahnpasta und Seife legte. Sie prüften die Duftnoten der Parfums. Kichernd schraubten sie auch die Deckel von Cremedosen auf und testeten mit den Fingerspitzen den Inhalt. Einer Verkäuferin, die sie mit strengen Blicken verfolgte, kehrten sie den Rücken zu. Sie fühlten sich „absolut cool". An der Kasse zögerte Tanja einen Augenblick. Sie nahm eine Tube aus ihrem Korb und schob sie Elke zu: „Nimm das, steck' es weg!" Ganz überrascht griff Elke zu und ließ die Tube in ihrer Jackentasche verschwinden. Dann wollte sie an der Kasse vorbei. Aber die Verkäuferin hielt sie zurück: „Moment mal! Ich habe euch beobachtet!"

Wie betäubt reagierte Elke, als ihr die Frau in die Tasche griff und die Tube herauszog. Hilfesuchend schaute sie sich nach der Freundin um. Weder hier noch auf der Straße war Tanja zu sehen. Bitter spürte Elke: Sie war allein.

Jetzt musste sie sich verantworten. Der Geschäftsführer kam und sprach von Hausverbot. Er notierte Elkes Namen und Adresse. „Wir werden den Diebstahl zur Anzeige bringen", sagt er. Obwohl – schoss es Elke durch den Kopf – die Tube höchstens drei Mark kostete und sie überhaupt nicht stehlen wollte. Alle Beteuerungen halfen nichts. Tanja blieb verschwunden.

Am Samstag lag ein Brief der Polizeidirektion auf dem Tisch. Elke sollte sich beim Jugendbeauftragten, Polizeimeister N., melden.

T und M: Irmgard Spieker

- Spielt diese Geschichte mit verteilten Rollen.
- Wie werden sich nach dem Wochenende Elke und Tanja in der Schule begegnen? Was kann Elke tun, wenn sie ihre Freundin Tanja nicht ins Spiel bringen möchte? Wo kann sie Rat finden?

Kummer und Sorgen können krank machen.
Das Gebet Jesu befreit von der Last großer Sorgen.
Es ist ein Gebet für die Gemeinde.

Ein Gebet kann trösten und ermutigen

Viele Menschen begleitet das Vaterunser durch ihr ganzes Leben.
Sie sprechen es in allen Lebenslagen,
in Kummer und Leid und in auch in fröhlicher Dankbarkeit.

Unser Vater,
der im Himmel wohnt
– wir wissen nicht, wie weit –,
lass uns hier auf der Erde
wie bei dir zu Hause sein.

Gib uns für heute
genug zu essen
und allen anderen auch.

Vergib uns, was schlecht war,
so wie wir einander
vergeben wollen.

Mach es für uns nicht zu schwer,
dir zu vertrauen,
und halte das Böse von uns fern.

Das kannst nur du, Vater,
denn du bist stark
und groß
und weise
und wunderbar
von Ewigkeit zu Ewigkeit.

Amen

- Vergleicht die beiden Versionen des Vaterunser in diesem Kapitel. Welches Gebet gefällt euch besser? Was würdet ihr ergänzen oder verändern?
- Könnt ihr euch ein Fest des Jesus-Gebetes, ein ‚Vaterunserfest' vorstellen? Was müsste dazu gehören?
- Stellt einen ‚Fest-Fahrplan' zusammen. Denkt nach über Lieder und Speisen, Dekorationen und Festgaben. Wie möchtet ihr das Fest erleben?

Visionäre und Gottesstreiter – die Botschaft der Propheten

Wie ist unsere Welt?
Ist alles in Ordnung, alles unter Kontrolle,
läuft alles seinen sicheren Weg?

Oder:

Eine Welt, die zerbricht; eine Welt, die immer
wieder Veränderung und Neuanfang braucht,
damit es gut wird für unser Leben –

So eine Welt sahen die Propheten der Bibel.
Und sie versuchten, aus ihrem Glauben
und ihrer Überzeugung in dieser Welt „für Gott“
und eine gute Zukunft zu streiten.

El Greco, um 1610

Der Jahrtausendwechsel war Anlass zu vielen Spekulationen über die Zukunft der Welt. Einige sagten schwere Zeiten, manche sogar den Weltuntergang voraus und behaupteten, die „Zeichen der Zeit“ aus den Gestirnen oder auch aus den Prophezeiungen des Nostradamus, eines Wissenschaftlers und Visionärs aus dem 16. Jahrhundert, erkennen und genaue Voraussagen machen zu können. Auch die Propheten der Bibel haben düstere Prophezeiungen ausgesprochen; Amos z. B. kündigte den Untergang des Nordreiches Israel an, Jeremia den des Südreiches Juda.

Damals wie heute gab es Menschen, die diesen Voraussagen Glauben schenkten, ebenso wie solche, die sich nicht irre machen lassen wollten. Woher weiß ein „Prophet“, was geschehen wird? Wie kann man erkennen, ob er recht hat?

Die Zeichen der Zeit erkennen … – aber wie?

- Worauf stützt sich der Bericht der Zeitung?
- Haben sich seit 1999 tatsächlich Veränderungen in der Welt ergeben, die im Zusammenhang mit diesen Ankündigungen stehen könnten?

Die Frage, wie man erkennen könne, ob ein Prophet mit seinen Ankündigungen recht habe, wird schon im Buch des Jeremia (um 600 v. Chr.) behandelt. Er verkündet den Untergang Jerusalems durch die von Norden heranrückenden Babylonier. Ihm tritt ein anderer Prophet, Hananja, entgegen, der verkündet, dass die Babylonier Jerusalem niemals besiegen könnten, da ja Gott selbst sich für die Existenz der Stadt verbürgt habe.

Die Berufung des Jeremia

Die Auseinandersetzung mit dem Propheten Hananja

1 In demselben Jahr, im Anfang der Herrschaft Zedekias, des Königs von Juda, im fünften Monat des vierten Jahrs, sprach Hananja, der Sohn Asurs, ein Prophet von Gibeon, zu mir im Hause des HERRN in Gegenwart der Priester und des ganzen Volks:
2 So spricht der Herr Zebaoth, der Gott Israels: Ich habe das Joch des Königs von Babel zerbrochen,
3 und ehe zwei Jahre um sind, will ich alle Geräte des Hauses des HERRN, die Nebukadnezar, der König von Babel, von diesem Ort weggenommen und nach Babel geführt hat, wieder an diesen Ort bringen;
4 auch Jechonja, den Sohn Jojakims, den König von Juda, samt allen Weggeführten aus Juda, die nach Babel gekommen sind, will ich wieder an diesen Ort bringen, spricht der HERR, denn ich will das Joch des Königs von Babel zerbrechen.
5 Da sprach der Prophet Jeremia zu dem Propheten Hananja in Gegenwart der Priester und des ganzen Volks, die im Hause des HERRN standen,
6 und sagte: Amen! Der HERR tue so; der HERR bestätige dein Wort, das du geweissagt hast, dass er die Geräte aus dem Hause des HERRN von Babel wiederbringe an diesen Ort und alle Weggeführten.
7 Doch höre dies Wort, das ich vor deinen Ohren rede und vor den Ohren des ganzen Volks:
8 Die Propheten, die vor mir und vor dir gewesen sind von alters her, die haben gegen viele Länder und große Königreiche geweissagt von Krieg, von Unheil und Pest.
9 Wenn aber ein Prophet von Heil weissagt – ob ihn der HERR wahrhaftig gesandt hat, wird man daran erkennen, dass sein Wort erfüllt wird.
10 Da nahm der Prophet Hananja das Joch vom Nacken des Propheten Jeremia und zerbrach es.
11 Und Hananja sprach in Gegenwart des ganzen Volks: So spricht der HERR: Ebenso will ich zerbrechen das Joch Nebukadnezars, des Königs von Babel, ehe zwei Jahre um sind, und es vom Nacken aller Völker nehmen. Und der Prophet Jeremia ging seines Weges.

Jeremia 28,1–11

- Beschreibt mit euren Worten die geschichtliche Situation, die sich aus dem Text erkennen lässt?
- Welche Hoffnungen und Erwartungen weckt die Aussage des Hananja, mit welchen Argumenten begegnet ihm Jeremia?
- Woran erkennt Jeremia die Wahrheit einer Prophetie?
- Überlegt mögliche Reaktionen der Zuhörer, die bei der Auseinandersetzung anwesend waren.

Im Kosovo-Krieg (1999) war es das Ziel der NATO-Streitkräfte, die Menschenrechtsverletzungen durch die Serben an der albanischen Bevölkerung zu verhindern. Das Land wurde wochenlang bombardiert – aber dennoch kam es zu Vertreibungen und Morden. Außerdem wurden durch die Luftangriffe der NATO selbst zahlreiche Menschen getötet, oder ihre Häuser wurden zerstört.

In solchen schwierigen Situationen sind wohl die Wurzeln für das Engagement und den großen Ernst der Propheten zu sehen:
Nicht gleichgültig zu sein gegenüber dem Leiden der Menschen, immer dafür einzutreten, dass die Ohnmächtigen vor den Mächtigen geschützt werden.

Mitleiden an Gewalt und Unrecht

- Beschreibt das Bild und überlegt euch, was die Mutter und ihr Kind empfinden. Schreibt Gedanken auf, die beide haben könnten.
- Interpretiert das Bild mit den Worten des Amos auf Seite 117.

Einige Orte in der Antike waren berühmt für ihre Zukunftsvoraussagen – so die Priesterinnen und Prophetinnen des Orakels von Delphi.
Bei vielen antiken Völkern gab es den Berufsstand des Sehers oder Propheten. Sie nutzten unterschiedliche Verfahren (z. B. Astrologie, Eingeweideschau, Vogelflug), um zu Voraussagen zu kommen.
Doch unterscheiden sich die Propheten der Bibel in vielem davon. Ihr Ziel war weniger die Voraussage der Zukunft, sondern Kritik und Veränderung des gegenwärtigen Lebens. Als Maßstab dafür nutzten sie die Tora, die viele Vorschriften zum Recht der Armen, zur Gerechtigkeit in der Gesellschaft überliefert. Für die Propheten war klar: Wenn diese Regeln andauernd außer Acht gelassen werden, hat das Folgen. In diesem Zusammenhang machen sie ihre z. T. düsteren Unheilsansagen.

So spricht der HERR:

SIE TRETEN NACH DEM
KOPF DER ARMEN
WIE AUF DEN STAUB
DER ERDE ...,
EUCH HABE ICH VON
ALLEN VÖLKERN
DER ERDE ERKANNT,
DARUM WERDE ICH
AN EUCH HEIMSUCHEN
ALL EURE SÜNDEN.

nach Amos 2,6; 3,2

- Man könnte sagen, der Text gibt auch eine enttäuschte Erwartung wieder. Worin besteht sie?
- Stellt die drei Abschnitte des Textes in Bildern dar.

Der Verkehr auf unseren Straßen wird immer dichter. Das Automobil steht einerseits für Unabhängigkeit und Beweglichkeit, andererseits schränken die dichten Verkehrsverhältnisse diese Beweglichkeit und die „Freude am Fahren“ erheblich ein, und die Abgase gelten als Hauptursache für den Treibhauseffekt. Die Autoindustrie entwickelt zwar „5-Liter“- oder sogar „3-Liter“-Autos, aber in der Gunst der Käufer liegen die Mittelklassewagen, die zwischen 6 und 10 Liter verbrauchen, weit vorn.

Bestseller im Januar 2001

Platz:	Modell:	Zulassungen:
1	**VW Golf/Bora**	**23 944**
2	**BMW 3er**	**12 673**
3	**VW Passat**	**11 638**
4	**Mercedes C**	**11 206**
5	**Opel Astra**	**10 004**
6	**Ford Focus**	**7 722**

aus AUTO

Wahrnehmen, was wirklich ist …

Links ist der tägliche Stau auf der Autobahn zu sehen, rechts das Foto aus einer Werbe-Anzeige einer Autofirma.

- Findet die „Botschaft“ der Werbung heraus.
  Mit welchen Mitteln wird sie erreicht?

„Friede" – SCHALOM auf Hebräisch – bedeutet nicht nur das Ruhen der Waffen, sondern ein umfassendes *Heilsein* der gesellschaftlichen Verhältnisse.
Mit „Gerechtigkeit" wird das hebräische ZEDAKAH übersetzt. Die Propheten sehen es als besonders schlimm an, wenn die Verhältnisse der Menschen nicht ehrlich betrachtet, sondern beschönigt werden. Denn so kann kein Anstoß zur Verbesserung entstehen.

Sie sagen: FRIEDE! FRIEDE! – und ist doch nicht Friede ...!

Jeremia 6,14

Das sind die Worte des Propheten Jeremia – gesprochen vor rund 2600 Jahren. Er wendet sich dagegen, dass die Verhältnisse im Land schöngeredet wurden: Es sei schon alles in Ordnung, man habe alles unter Kontrolle, es werde schon alles gut gehen – so sprachen die Mächtigen seiner Zeit.

- Wählt euch einige Stichwörter aus und beschreibt, in welcher Weise da die Worte des Jeremia zutreffen.

Viele Gebote der Tora sind erstaunlich sozial.
Sie sind schon in der Frühzeit Israels bekannt.
An ihnen soll die Erwählung des Gottesvolkes sichtbar werden.
Auf solche Gebote bezog sich der Prophet Amos.

Tora-Rollen in einer Synagoge

Gerechtigkeit für die Benachteiligten

Exodus 22,20–26

20 Die Fremdlinge sollst du nicht bedrängen und bedrücken; denn ihr seid auch Fremdlinge
in Ägyptenland gewesen.
21 Ihr sollt Witwen und Waisen nicht bedrücken.
22 Wirst du sie bedrücken und werden sie zu mir schreien, so werde ich ihr Schreien erhören.
23 Dann wird mein Zorn entbrennen, dass ich euch mit dem Schwert töte und eure Frauen
zu Witwen und eure Kinder zu Waisen werden.
24 Wenn du Geld verleihst an einen aus meinem Volk, an einen Armen neben dir, so sollst
du an ihm nicht wie ein Wucherer handeln; du sollst keinerlei Zinsen von ihm nehmen.
25 Wenn du den Mantel deines Nächsten zum Pfande nimmst, sollst du ihn wiedergeben,
ehe die Sonne untergeht,
26 denn sein Mantel ist seine einzige Decke für seinen Leib; worin soll er sonst schlafen?
Wird er aber zu mir schreien, so werde ich ihn erhören; denn ich bin gnädig.

Leviticus 19,11ff.

11 Ihr sollt nicht stehlen noch lügen noch betrügerisch handeln einer mit dem andern.
13 Du sollst deinen Nächsten nicht bedrücken noch berauben. Es soll des Tagelöhners Lohn
nicht bei dir bleiben bis zum Morgen.
15 Du sollst nicht unrecht handeln im Gericht: Du sollst den Geringen nicht vorziehen, aber
auch den Großen nicht begünstigen, sondern du sollst deinen Nächsten recht richten.
16 Du sollst nicht als Verleumder umhergehen unter deinem Volk. Du sollst auch nicht
auftreten gegen deines Nächsten Leben; ich bin der HERR.
18 Du sollst dich nicht rächen noch Zorn bewahren gegen die Kinder deines Volks. Du sollst
deinen Nächsten lieben wie dich selbst; ich bin der HERR.
30 Meine Feiertage haltet und fürchtet mein Heiligtum; ich bin der HERR.

Leviticus 19,33–35

33 Wenn ein Fremdling bei euch wohnt in eurem Lande, den sollt ihr nicht bedrücken.
34 Er soll bei euch wohnen wie ein Einheimischer unter euch, und du sollst ihn lieben
wie dich selbst; denn ihr seid auch Fremdlinge gewesen in Ägyptenland. Ich bin der HERR,
euer Gott.
35 Ihr sollt nicht unrecht handeln im Gericht, mit der Elle, mit Gewicht, mit Maß.

- Welche sozialen Regelungen sind in den Texten enthalten? Welche Personen betreffen sie?
- Was bedeutet es, wenn an manchen Stellen diese Aussagen mit den Worten unterstrichen werden „ICH BIN DER HERR"?
- Sucht die Texte in der Bibel. Macht euch den Zusammenhang klar, in dem sie stehen.

Der Prophet Amos lebte in einer Zeit, in der es in Israel einen starken wirtschaftlichen Aufschwung gab. Viele Menschen führten einen aufwändigen Lebensstil. Doch die unteren Schichten des Volkes hatten keinen Anteil daran. Amos wandte sich gegen diese ungleichen Verhältnisse. JHWH habe das Volk aus der Sklaverei in Ägypten befreit – und es solle nun die Armen nicht wieder zu Sklaven machen.

Ihr, die ihr auf Elfenbein-Betten liegt,
ausgestreckt auf euren Polstern,
die ihr Kälber aus der Mast esst
und Leckerbissen vom Lamm,
ihr grölt zum Klang der Harfe,
denkt euch Lieder aus wie David,
trinkt den Wein kannenweise,
parfümiert euch mit den besten Hautölen.
Aber: Der Schaden, den das Volk erleidet,
der kümmert euch nicht.

nach Amos 6,4ff.

Hört dies,
die ihr die Armen unterdrückt,
die Verelendeten beiseite schiebt,
die ihr sagt: Wann ist das Neumondfest vorbei,
damit wir wieder Getreide verkaufen können,
der Sabbat, damit wir wieder Korn anbieten,
ja, sogar den Abfall vom Korn verkaufen können,
dass wir das Maß kleiner
und den Preis größer machen können
und mit falscher Waage betrügen.
Wir wollen mit Geld
die Hilflosen kaufen
und die Armen
für ein Paar Sandalen
zu Sklaven machen.
JHWH hat geschworen:
Nie werde ich auch nur eine ihrer Taten vergessen.

nach Amos 8,4–7

- Erklärt die sozialen und wirtschaftlichen Hintergründe, die in den Texten sichtbar werden. Welche aktuellen Bezüge könnt ihr entdecken?
- Überlegt, welche der Aussagen von Amos auf die Weisungen der Tora zurückgeführt werden können.

Heute sind Zukunftsforscher mit Voraussagen beschäftigt, wie sich die Technik und das Leben der Menschen verändern werden. Sie erforschen auch, wie sich die natürlichen Lebensgrundlagen der Menschen, Klima, Umwelt und die Ressourcen an Land, Wasser, Pflanzen entwickeln werden. Schon 1980 wurde die Studie „Global 2000“ von den Wissenschaftlern des „Club of Rome“ dem amerikanischen Präsidenten vorgelegt. Ihre Voraussage: Wenn nicht eine drastische Entlastung der Umwelt erfolgt, werden in Atmosphäre und Klima ab etwa 2025 Schäden entstehen, die nicht mehr wieder gutgemacht werden können. Dann würden so gewaltige Klimaveränderungen ausgelöst, dass langfristig menschliches Leben auf der Erde unmöglich werden würde.

Was wird Bestand haben ... ?

- Findet heraus, für welche größeren Bereiche unseres Lebens diese Abbildungen stehen.
- Was von dem, das hier abgebildet ist, haltet ihr für zukunftsfähig?
- Sucht euch Bereiche aus, zu denen ihr verschiedener Meinung seid, und bildet Gruppen, die miteinander über deren Zukunftsfähigkeit streiten.

Was würde ein Prophet wie Amos heute sagen? Nicht die Freude am Kritisieren leitete die Propheten! Es sind vielmehr oft verzweifelte Versuche, gleichsam in letzter Minute eine Umkehr vom falschen Weg zustande zu bringen, damit die Menschen noch gerettet werden können. Darum ist die prophetische Rede nicht vorsichtig oder abwägend, sondern zugespitzt und provozierend. Sie will die Menschen aufrütteln. Dabei sind Vergröberungen und Vereinfachungen unvermeidlich, die dann auch Ablehnung hervorrufen.

EINE PROPHETISCHE REDE HEUTE

So spricht der Herr:

„Glaubt ihr, es stünde heute anders um euch als in der Zeit des Amos?
Täuscht euch nicht! Die Verhältnisse sind anders, aber dahinter steckt dasselbe:
Ihr wollt die Wahrheit nicht hören! Ihr wollt euch durchmogeln! Wegen der Vergehen der Menschheit kann ich die Folgen nicht abwenden!

Denn ihr seid gleichgültig gegenüber den anderen. Und seid darauf bedacht, erst einmal selbst gut dazustehen. Wenn ihr etwas getan habt und zur Verantwortung gezogen werdet, sagt ihr erst mal: Wieso ich? Ich hab doch gar nichts gemacht! Der andere wars! Im Religionsunterricht sprecht ihr mit euren Lehrerinnen und Lehrern darüber, wie mehr Frieden in die Welt kommen kann – und dann, auf dem Schulhof, wie verhaltet ihr euch da? Alles was „cool" ist, alles, was stark und überlegen ist, das findet ihr gut – und was ist mit denen, die nicht so sein können? Verachtet ihr sie nicht? Ich sage euch: Alles, was „cool" und stark ist, wird keinen Bestand haben!

Wir müssen aufhören, überlegen zu sein und besser dastehen zu wollen als die anderen. Schon Kinder in der Grundschule haben Angst davor, dass die Welt wegen der vielen Belastungen keine Zukunft haben wird – und später? Dann lacht ihr über ein kleines, mickriges Auto und begeistert euch an schnellen Sportwagen und Formel 1. Ich sage euch: Keines dieser Autos wird das neue Jahrtausend überleben – und auch die Menschen werden nicht überleben, wenn ihr nicht anfangt, über das Große und Starke zu lachen, das Kleine und Schwache aber ernst zu nehmen ...

Politiker reden viel vom 3-Liter-Auto. Aber habt ihr auch nur einen von ihnen damit vorfahren sehen? Sie reden vom Sparen bei den Löhnen, bei den Renten – und sie selber kassieren Gehälter und nutzen Vorteile, dass einem schwindlig wird. Die Führer der Gewerkschaften jammern über die Zahl der Arbeitslosen – sie selber verdienen gut. Aber kennen sie das Los der Arbeitslosen und den Alltag der Arbeiterinnen und Arbeiter? Und in den Kirchen werde ich viel genannt. – Aber ist es nicht so, wie Jesus sagte: ‚Sie nennen mich immer Herr, Herr – und tun doch nicht, was ich sage'?

Alle sind besorgt, wie schlecht es oft den Menschen in Afrika und Lateinamerika geht. Aber wer wäre bereit, für Kaffee, Tee, für Rohstoffe, für Öl das Dreifache zu bezahlen, damit es den Menschen dort zugute kommt? Ich sage euch: Ihr lebt auf deren Kosten; ihr lebt auf Kosten der Welt, die ich für euch geschaffen habe. Lange wird sie es nicht mehr aushalten mit euch. Aber dann klagt nicht: Wir wussten nichts! Es wurde uns immer gesagt: Es wird alles gut gehen! NEIN: Wenn ihr euch nicht von Grund auf ändert, werdet ihr untergehen: Denn was der Mensch säet, das wird er ernten."

- Welchen Aussagen dieses „modernen Propheten" könnt ihr zustimmen? Welchen nicht?
- Besprecht vor allem den 2. und 3. Teil genauer: Trifft der „Prophet" eure Lebenswirklichkeit? Wie geht ihr damit um?
- Schreibt eine eigene „prophetische Rede heute" – oder eine Entgegnung zu dieser Rede.

In einem riesigen Rundgemälde – 14 Meter hoch mit einem Umfang von 123 Metern – hat der Künstler Werner Tübke in Bad Frankenhausen ein Panorama der Weltgeschichte entworfen. Er knüpft an die Umbruchzeit der Reformation im 16. Jahrhundert an. Dabei verwendet er auch Prophetien und Visionen aus der Bibel. Doch es gibt aus dem Kreis des riesigen Gemäldes kein Entrinnen, keinen Anfang und kein Ende. Nur an einer Stelle wird eine Perspektive sichtbar, die aus dem Kreislauf heraus führt:

Neben Zerstörung finden sich Veränderung und neue Hoffnung. Werner Tübke stellt in vielen einzelnen Szenen die Auseinandersetzungen damals um ein neues Weltbild in Kirche, Gesellschaft und Wissenschaft so dar, dass diese Zeit als Gleichnis für die großen Veränderungen in der Weltgeschichte erscheint. Gerade die Armen und Schwachen können mit ihrer Sehnsucht nach Freiheit und Gerechtigkeit die Grundlagen für die Zukunft legen.

Trotz allem: Eine Vision für die Zukunft

Trotz aller Unheilsvoraussagen fehlen bei keinem Propheten Worte neuer Hoffnung. Sogar von einem „neuen Himmel“ und einer „neuen Erde“ ist die Rede. Die mittelalterliche Prophetin Hildegard von Bingen stellt die „neue Erde“ als Kreis dar. Umgeben von den vier Elementen Wasser, Feuer, Erde, Luft sitzt eine Frau in kostbaren Kleidern, und sie hält die Tora-Tafeln hoch.

- Sucht in der Abbildung auf Seite 124 nach Symbolen des Todes und der Zerstörung.
- Wo sind Symbole/Zeichen neuen Lebens erkennbar?
- Wie deutet ihr die beiden Personen im Vordergrund? Was bedeutet die Kugel im Hintergrund? Was ist darin zu sehen?
- Hier sind die beiden Personen aus dem Gemälde herausgelöst. Erarbeitet ein Gespräch zwischen den beiden:
  - Was übergibt der „Engel“, was will er von dem zerlumpten Bauern?
  - Wie reagiert der Bauer? Was könnte der „Engel“ antworten? usw. Berücksichtigt dabei auch die Vision der Hildegard von Bingen auf dem oberen Bild.
- Entwerft ein Leben, das eure Hoffnungen und Wünsche erfüllt – eure eigene „neue Erde“.

In Gottes Nähe leben

Bernhard von Clairvaux ist einer der wichtigsten Kirchenführer des Mittelalters. 1090 wurde er im französischen Burgund geboren. Er entstammte einer wohlhabenden, adligen Familie. Als junger Mann trat er in Cîteaux ein, das Stammkloster der Zisterzienser.
Cîteaux zog so viele Mönche an, dass Tochterklöster errichtet werden mussten. Schon bald wurde Bernhard zum Abt (Vorsteher) des 1115 gegründeten Klosters Clairvaux ernannt und baute den bedeutenden Mönchsorden der Zisterzienser auf. Er starb 1153.

So stellten sich vor 700 Jahren die Menschen Bernhard vor

Bernhard, Abt von Clairvaux

Mönch oder Ritter

Die Spielregel war sehr einfach. Man musste mit seinem Pferd 100 Schritte Anlauf nehmen und dann im Galopp die Lanzenspitze durch einen Metallring stechen. Der Ring war an einem Ast aufgehängt, so dass er mühelos mit der Lanze herabgerissen werden konnte. Allerdings brauchte man Kraft, viel Geschicklichkeit und ein sicheres Auge.

Bernhard hockte am schattigen Waldrand und erwartete seinen Bruder Guido, der ihm mit dem Ring an seiner Lanze stolz entgegenritt. „Ihr seid ein rechter Ritter geworden!", rief Bernhard ihm zu. „Ja, und bald werde ich Turniere und die Herzen stolzer Edelfrauen gewinnen." Lachend schwang sich Guido aus dem Sattel und ließ sich neben seinem Bruder nieder. „Genießt das Leben! Ritterfest und Falkenjagd, bisweilen ein ehrlicher Kampf zwischen tapferen Männern, und die Bauern zahlen brav ihre Steuern. Was begehren wir also mehr?" „Guido, ihr verwundert mich sehr. Wolltet ihr doch als Ritter die Witwen und Waisen verteidigen und beschützen, Recht sprechen und Gerechtigkeit üben an den Armen in ihrer Not." „Ach, das sind doch nur Worte." Guido winkte ab, aber Bernhard fuhr unbeirrt fort:

„Die Waffe dient nicht dem Heldenspiel und auch nicht dem Raubzug. Eure Aufgabe ist es, dem Glauben zu dienen: Schützt die Pilger auf ihren Wegen, bewacht die heiligen Stätten und haltet die Ungläubigen fern." Bernhard blickte seinem Bruder ernst ins Gesicht. „Oho, was sind denn das für Ideen! Das klingt, als wolltet Ihr Mönch werden und die Welt verändern." Bernhard schwieg. „Im Kloster leben?" Guido betrachtete sein grasendes Pferd. „Die Orden werden immer reicher und mächtiger. Schaut Euch nur die Pracht in den Kirchen an. Sie behaupten, nichts könne kostbar genug sein, um ein Stück Himmel auf Erden darzustellen. ‚Wollen wir bei Gott wohnen, dann müssen wir durch gute Taten dorthin eilen', so sagte der Heilige Benedikt. Aber das, was Ihr heute seht, hat mit Einsamkeit, Arbeit und Gottesdienst wenig zu tun." „Ihr habt recht, Guido. Der Prunk entspringt nur der Habgier, und wozu dient das Gold in den Kirchen, wenn Christen Hunger leiden?" Bernhard verschränkte die Arme hinter seinem Kopf, legte sich in das Gras und blinzelte in die Baumwipfel, durch die gleißendes Sonnenlicht fiel. „Ja, auch hier muss sich etwas ändern."

- Was fällt euch zu den Begriffen ‚ritterlich' und ‚Ritter' ein? Welche Vorstellungen haben Bernhard und Guido? Informiert euch über das Leben der Ritter im Mittelalter.
- In der Zeit des Mittelalters gab es in Deutschland viele zehntausend große und kleine Burgen.
  Gibt es in eurer näheren Umgebung eine Burganlage? Findet etwas über die Geschichte und die Bedeutung dieser Burg heraus.

Ein Kloster besteht meist aus einer Kirche mit einem Kreuzgang, einem *Kapitelsaal* (Versammlungsraum), dem *Refektorium* (Speisesaal), dem *Dormitorium* (Schlafsaal), dem *Scriptorium* (Schreibraum), dem *Oratorium* (Gebetssaal) und dem *Kalefaktorium* (Wärmeraum). Der Kreuzgang umschließt einen Garten, in dem sich ein Brunnen befindet. Der Kreuzgang war auch der Schauplatz feierlicher *Prozessionen* (Umzüge). Zur Klosteranlage gehören meist landwirtschaftliche Gebäude, die *Laien* (Nichtgeistliche) bewirtschafteten.

Das Zisterzienserkloster in Sénanque in Südfrankreich. Auch heute noch leben hier Mönche.

- Zeichnet den Grundriss des Klosters Sénanque. Wo könnten sich die verschiedenen Bestandteile des Klosters befinden?
- Gibt es in eurer Umgebung eine Klosteranlage? Vergleicht die Grundrisse.

Der schattige Kreuzgang lud die Mönche zum geruhsamen Wandeln ein. Hier wurden auch die Tonsuren (kreisrund geschorene Stelle auf dem Kopf) und Bärte geschnitten, kleinere Näharbeiten verrichtet oder die frischen Schriften aus dem Scriptorium getrocknet.

Bernhard übernahm und erneuerte die Klosterregeln des Benedikt von Nursia, der 529 in Italien ein Kloster gründete. Nach der Regel des Benedikt musste derjenige, der in ein Kloster eintreten wollte, dreierlei versprechen: arm und ohne Besitz zu leben, ehelos zu bleiben und gehorsam zu sein. Für Bernhard war es klar, dass der Mensch nur in der Einsamkeit und Abgeschiedenheit des klösterlichen Lebens Gott nahe kommen kann. Daher sollte der Alltag der Mönche und auch die Architektur der Klöster möglichst schlicht sein.

Bete und arbeite

Das Kloster im hellen Tal

Guido und Bernhard gingen schweigend durch den Kreuzgang des Klosters. Guido hatte schon lange sein Ritterleben aufgegeben und war seinem Bruder ins Kloster Cîteaux gefolgt. Die Morgenkühle ließ ihn frösteln, aber die ersten Sonnenstrahlen kündigten einen warmen Tag an. Er passte seinen Schritt dem ruhigen Gang seines Bruders an. „Guido", begann Bernhard, „ich habe Euch zu mir gebeten, weil ich etwas Wichtiges mitzuteilen habe. Unser ehrwürdiger Abt hat mich berufen, mit einer Schar von zwölf Mönchen auszuziehen und ein weiteres Kloster unseres Ordens zu gründen." Dieser Auftrag kam nicht überraschend, in Cîteaux wollten sich immer mehr Männer aufnehmen lassen, auch dachte man mittlerweile an Frauenklöster. „Ich freue mich für Euch", platzte es endlich aus Guido heraus. „Aber Ihr seid noch so jung." „Der Abt vertraut mir", fuhr Bernhard unbeirrt fort. „Uns ist ein Stück Land geschenkt worden, drei bis vier Tagesmärsche nördlich von hier gelegen. Ihr kennt es, es gehörte unserem Cousin Gosbert. Dort wollen wir das Kloster errichten."

„Ja, ich kenne den Ort", Guido zögerte, „aber es ist ein Ort der finsteren Einöde. Es gibt dort nur sumpfiges Land, Wälder und wilde Tiere – fernab jeder menschlichen Siedlung!" „Richtig", sprach Bernhard. „Die Sümpfe werden wir trocken legen, die Wälder roden und das gewonnene Land bewirtschaften. Das Holz brauchen wir als Baumaterial. Frisches Wasser ist wichtig. Wir brauchen es zum Kochen und zum Waschen, wir brauchen es auch für das Weihwasser. Den Bachlauf können wir zum Antrieb von Mühlen nutzen, und Teiche werden uns mit Fischen versorgen. Unser Kloster soll nicht auf kahlen Bergen, wo man hochmütig auf die Menschen herabschaut, sondern im Tal erbaut werden. Hier liegt die Fruchtbarkeit der Pflanzen und des Glaubens. Clairvaux, helles Tal, so soll unser Kloster heißen.

Von festen Klostermauern werden wir umgeben sein, damit wir nicht die Blicke und Besuche der Weltmenschen erleiden müssen. Auch soll unsere Kirche einfach gebaut und ausgestattet sein, nichts soll uns in unserem stillen Gebet ablenken.

Ich weiß, unser Leben wird beschwerlich und entbehrungsreich sein. Wir werden nur von unserer Hände Arbeit leben, keine Geschenke oder Almosen annehmen, aber dafür wird uns umso reicher die Liebe Gottes geschenkt werden. Aber nun kommt und lasst uns zum Morgengebet gehen."

- Bernhard gab seinem Kloster den Namen Clairvaux. Erklärt seine Entscheidung. Wie stellte sich Bernhard das Leben in Clairvaux vor?
- Obwohl das Leben der Zisterzienser als sehr streng galt, fühlten sich immer mehr Menschen von diesem Orden angezogen. Welche Gründe könnten sie gehabt haben?
- In den Schreibstuben der Klöster wurden alte Schriften abgeschrieben und kunstvoll ausgestaltet. Auf der Abbildung links bilden zwei Mönchen, die einen Baumstamm spalten, den Anfangsbuchstaben Q. Sucht euch aus der Bibel einen Text aus, der euch gefällt. Schreibt ihn in Schönschrift ab und gestaltet ihn.

In Frankreich wurden während der Französischen Revolution nach 1789 viele Klöster zerstört.

Das Zisterzienserkloster Maulbronn liegt in der Nähe von Stuttgart. Es wurde 1147 gegründet. Heute werden hier evangelische Pfarrerinnen und Pfarrer ausgebildet

Das Gemälde aus dem Jahr 1459 zeigt den Bau des Klosters Maulbronn

- Beschreibt die handwerklichen Tätigkeiten der Mönche beim Klosterbau.

Katharina von Bora wurde 1499 geboren. Ihre Mutter starb früh, so dass Katharina schon als Kind im Kloster Brehna untergebracht werden musste. Der Vater konnte auch die Aussteuer nicht aufbringen, um Katharina verheiraten zu können. So ließ Hans von Bora seine Tochter um 1508 in das Kloster Marienthron bei Nimbschen in der Nähe von Leipzig eintreten. 1523 flüchtete sie aus dem Kloster nach Wittenberg. Zwei Jahre später heiratete sie dort Martin Luther. Sie starb 1552, sechs Jahre nach dem Tod ihres Mannes. Während Martin Luther in Wittenberg beerdigt ist, liegt Katharinas Grab in Torgau.

Katharina im Kreis ihrer Freunde und ihrer Familie

Im Kloster leben

Katharina von Bora erinnert sich

Im Wittenberger Wohnhaus der Luthers herrschte wieder Trubel. Einige Freunde und Studenten, die mit Martin diskutieren wollten, waren eingetroffen. Katharina brachte sie im Gästetrakt unter, dessen Ausbau unter ihrer Aufsicht soeben fertiggestellt worden war. Dann trug sie den Mägden auf, für ein Abendessen zu sorgen und Bier für die langen Gespräche bereit zu halten. Katharina war nicht nur eine tüchtige Gastgeberin, sie kümmerte sich auch um geschäftliche Angelegenheiten ihrer Familie. So plante sie, weitere Ländereien zu erwerben, um für das Alter vorzusorgen.

Aber manchmal nahm sich Katharina Zeit, setzte sich zu den Gästen an den Tisch, nahm ihre jüngste Tochter auf den Schoß und begann aus ihrem Leben im Kloster zu erzählen:

„Damals habe ich meinen Vater nicht verstanden. Wie kann man nur ein Kind in ein Kloster stecken? Ich habe viel geweint. Aber es gab dort auch andere Kinder, und die Nonnen waren gut zu mir. Viel lieber wäre ich aber zu Hause geblieben.

Als ich dann 10 Jahre alt war, kam ich nach Marienthron – und ich gebe zu, dass ich stolz darauf war. Marienthron war nämlich sehr bekannt und wurde von vielen Menschen besucht. In der Kirche standen zwölf reich geschmückte Altäre. Hier wurden Stücke ausgestellt, die von der Krippe Jesu und ihrem Stroh, von der Dornenkrone, vom Schleier der Jungfrau Maria stammen sollen. Unsere Besucher glaubten, dass ihnen die andächtige Verehrung dieser Reliquien und eine Spende für die Kirchenkasse den Weg ins Himmelreich sichern würden – sie erhofften, sich damit Ablässe für ihre Sündenstrafen zu erwerben.

Mit fünfzehn Jahren wurde ich Novizin. Ich sollte mir nun gut überlegen, ob ich wirklich bereit sei, ein Leben als Nonne zu führen. Aber was hätte ich anderes tun sollen?

Ein Jahr später war es schließlich soweit. In einem feierlichen Gottesdienst verpflichtete ich mich zu einem Leben in Armut, Ehelosigkeit und Gehorsam gegenüber meinen Oberen. Zum Zeichen für mein Versprechen bekam ich einen Ring. Ich trug ein weißes Ordenskleid und mein kurz geschorenes Haar unter einem schwarzen Schleier. Endlich war ich eine Nonne!

Schon vor Sonnenaufgang begann unser erster Gottesdienst, nach Mitternacht endete der letzte, dazwischen lagen vier weitere. Gegessen haben wir nur zweimal am Tag. Während der Mahlzeiten wurden uns Lebensgeschichten heiliger Menschen vorgelesen. Vor Ostern und Weihnachten und zweimal in der Woche haben wir gefastet. Im Kloster herrschte ein Schweigegebot, das nur zu bestimmten Stunden aufgehoben wurde. Damit hielt es unsere Äbtissin sehr streng. Zwischendurch konnten wir uns aber mit einer Fingersprache verständigen. Wir durften nicht laut lachen und sollten auch ansonsten bedachtsam leben. So mussten wir den Becher mit beiden Händen umfassen, damit wir langsam tranken.

Natürlich erhielten wir auch Unterricht. Ich lernte lesen, schreiben, singen und ein bisschen Latein – mehr als andere Mädchen damals lernen durften! Schwere körperliche Arbeit brauchten wir nicht zu leisten. Ich pflegte den Kräutergarten und half in der Apotheke. Besonders gefreut haben wir uns auf die Ausflüge in die Umgebung oder wenn Besucher ins Kloster kamen."

- Sucht auf einer Landkarte die wichtigen Stationen im Leben der Katharina auf.
  Welche Gründe hatte Hans von Bora, seine Tochter Katharina in einem Kloster unterzubringen?
- Was bedeutete es für Katharina, im Kloster zu leben?

Aus der Klosterregel des Benedikt: Pflichten für Mönche und Nonnen

- *Arme bewirten*
- *Kranke besuchen*
- *Bedrängten zu Hilfe kommen*
- *Trauernde trösten*
- *Sich dem Treiben der Welt entziehen*
- *Für die Feinde beten*
- *Nach einem Streit noch vor Sonnenuntergang zum Frieden zurückkehren*
- *Den Oberen Gehorsam leisten*

Das Zimmer eines Mönches heute

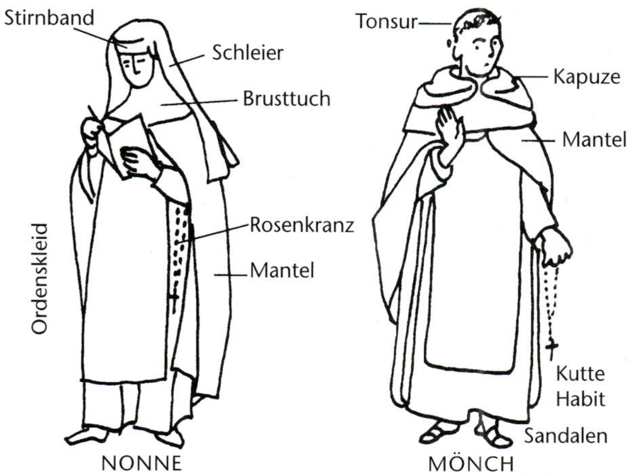

- Vergleicht euren Tagesablauf mit dem der Nonne Katharina im Kloster Marienthron. Welche Ordnungen und Regeln gelten in eurem Alltag?
  Betrachtet die Einrichtung der Klosterzelle. Stellt euch vor, ihr würdet im Kloster leben. Würdet ihr etwas vermissen?
- Auch heute noch fasten viele Menschen. Stellt fest, warum sie dies tun. Schlagt hierzu auch in einem Lexikon nach. In der Zeit vor Ostern könnt ihr euch über eure Kirchengemeinde Material zu der jährlichen Aktion ‚Sieben Wochen ohne' besorgen

Martin Luther wurde am 10. November 1483 geboren. Auf Wunsch seines Vaters begann er das Studium der Rechtswissenschaft.
1505 wurde Luther auf einer Reise kurz vor Erfurt von einem schweren Gewitter überrascht. Ein Blitz schlug so dicht neben ihm ein, dass er vor Schreck ausgerufen haben soll: Hilf, heilige Anna, ich will ein Mönch werden.
Noch im gleichen Jahr trat Luther in das Erfurter Augustinerkloster ein. Dort wurde er 1507 zum Priester geweiht und bald darauf zum Professor der Universität in Wittenberg ernannt.

Martin Luther und seine Zeit

Martin Luther schreibt 1521, als er sich bereits vom Mönchstum gelöst hatte, seinem Vater einen Brief.

Seinem Vater Hans Luther wünscht Martin Luther, sein Sohn, Segen in Christus

Es sind nun fast sechzehn Jahre her, seit ich gegen deinen Willen Mönch geworden bin. In väterlicher Sorge – ich war eben erst zweiundzwanzig Jahre und in glühender Jugendhitze – fürchtetest du für mich, denn an vielen ähnlichen Beispielen hattest du erfahren, dass diese Art zu leben manchem zum Unheil gereicht hatte. Deine Absicht war es sogar, mich durch eine ehrenvolle und reiche Heirat zu binden. Diese Sorge um mich beschäftigte dich. Auch war dein Unwille gegen mich – nach dem Eintritt ins Kloster – eine Zeit lang nicht zu besänftigen. Vergeblich redeten dir die Freunde ein: Du solltest doch, wenn du Gott etwas opfern wolltest, ihm dein Teuerstes und Bestes darbringen.
Endlich aber gabst du doch nach und fügtest dich dem Willen Gottes – aber ohne deswegen die Sorge um mich aufzugeben. Denn ich erinnere mich, als wäre es heute: Du sprachst schon wieder besänftigt mit mir. Da versicherte ich dir, dass ich vom Himmel durch Schrecken gerufen, nicht etwa freiwillig oder auf eigenen Wunsch Mönch geworden sei. Noch viel weniger wurde ich es um des Brauches willen, sondern von Schrecken und der Furcht vor einem plötzlichen Tode umgeben, legte ich ein gezwungenes Gelübde ab.

Lebe wohl, liebster Vater, und grüße meine Mutter, deine Margaretha, samt der ganzen Verwandtschaft in Christus. Aus der Einöde, den 21. November 1521.

Luthers Vater Hans, 1530

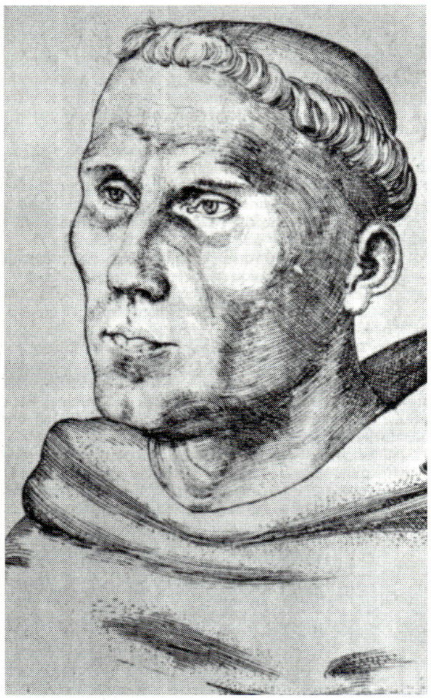

Martin Luther als Mönch, 1520

- Plant ein Streitgespräch zwischen Martin und seinem Vater, als Martin ihm mitteilte, dass er ein Mönch werden will. Lest hierzu den Brief genau durch und überlegt euch, welche Argumente die beiden für und gegen Martins Klostereintritt gebraucht haben könnten.

Am Ende des Mittelalters spürten viele Menschen, dass ein neues Zeitalter anbrechen würde. Die Angst vor der Pest und Furcht vor Höllenstrafen erfüllte alle Schichten des Volkes.
Die Menschen waren sehr fromm, aber die Unruhe betraf auch das kirchliche Leben: Die Gottesdienste wurden nicht mehr ordentlich gefeiert, die Klosterregeln immer weniger beachtet.
Die kirchlichen und adligen Landbesitzer drückten die Bauern mit ständig wachsenden Abgaben.

Das Gemälde aus der Zeit um 1515 gehört zu einem großen Altar, der in einem Kloster in Isenheim (Frankreich) stand. In diesem Kloster wurden Menschen gepflegt, die von Seuchen befallen waren.
Die Gestalt in der linken Bilddecke ist mit Pestbeulen übersät.

- Betrachtet in Ruhe das Bild. Welche Empfindungen und Reaktionen weckt es bei euch?
  Woran erinnern euch die dargestellten Dämonen?

1514 verkündigte die Kirche einen neuen Ablass, um mit den Ablassverkäufen Geld für den Bau des Petersdoms in Rom zu sammeln.
Wer einen Ablassbrief erworben hatte, konnte darauf hoffen, den Erlass der Sündenstrafen, vor allem des Fegefeuers, erkauft zu haben. Besonders bekannt wurde der Ablassprediger Johann Tetzel (1456-1519).

Der Streit um den Ablass

„Das lass dir gesagt sein..."

Es wurde wieder Frühling, und der Klostergarten musste für die Aussaat vorbereitet werden. Als Martin in den Garten kam, waren die Novizen gerade damit beschäftigt, den Boden zu hacken. Nur Jakob hatte sich von den anderen abgesetzt und hockte auf einer Steinbank. Eigentlich hätte Martin ihn zurechtweisen müssen, aber es war ihm schon länger aufgefallen, dass Jakob nur noch mit wenig Appetit aß und beim Gottesdienst kaum hörbar mitsang. Was bekümmerte ihn bloß?

Martin trat zu ihm hin: „Was fehlt dir, mein Junge?" Jakob schwieg. „Fühlst du dich nicht wohl bei uns?" Jakob schüttelte langsam seinen Kopf und flüsterte: „Nein, das ist es nicht." Martin schwieg nun ebenfalls und wartete. „Ach, nachts ist es am schlimmsten", begann Jakob, ohne Martin dabei anzuschauen. „Dann jagen mich Teufel mit spitzen Lanzen in Fässer voller kochendem Öl. Ich sehe Menschen, die an Ketten gefesselt in das gefräßige Maul schrecklicher Ungeheuer gezerrt werden. Manchmal schreie ich so laut, dass ich aufwache. Dann bin ich schweißgebadet und habe Angst vor der Nacht." „Seit wann ergeht es dir so?" Martin hatte sich ebenfalls auf die Bank gesetzt.

Jakobs Stimme klang wieder etwas fester: „Ich habe Tetzels Ablasspredigt gehört: ‚Für Euch, Eure Eltern, Weib und Kind soll so viel Ablass gewährt sein, so viel Ihr Geld legt ins Kästel ein. Sobald das Geld im Kasten klingt, die Seele sich in den Himmel schwingt.' Bruder Martin, Ihr wisst doch selbst, was die Kirche lehrt: ‚Nur derjenige findet vor Gott Anerkennung, der ausreichend gute Werke in seinem Leben getan hat. Die Kirche kann aber denjenigen ihre Schuld und Strafe erlassen, die um Ablass begehren.'" Jakob musste schlucken und sprach dann mit leiser Stimme weiter: „Ich bin nichts, und ich habe nichts. Meine Eltern sind arme Leute. Nie werden wir uns einen Ablassbrief leisten können, wir sind rettungslos verloren."

Martin legte die Hand auf Jakobs Schulter: „Höre, lass dir nie von anderen Menschen sagen, dass du vor Gott nichts wert bist. Denk an das Gleichnis vom verlorenen Sohn. Sein Vater hat ihn wieder mit Freude aufgenommen, obwohl er sein ganzes Erbe verprasst hat. Jakob, du brauchst keine Angst vor Gott zu haben. Er liebt dich so, wie du bist – da ist es egal, ob du nun ein mächtiger König oder ein armes Mönchlein wirst. Er ist wie ein guter Vater, der seine Kinder liebt, auch wenn sie manchmal ungezogen sind – und bei dem sie Trost suchen können, wenn sie sich schlecht fühlen." Jakob atmete vernehmbar auf. „Und auch das lass dir gesagt sein, Jakob!" Martin ballte die Faust. „Die Ablassprediger täuschen sich, wenn sie glauben, die Liebe Gottes scheibchenweise verkaufen zu können. Wenn der Papst von den Erpressungsmethoden der Ablassprediger wüsste, sähe er lieber die Peterskirche in Asche sinken, als dass sie mit Haut, Fleisch und Knochen seiner Schafe erbaut würde! Aber nun Jakob, steh auf und tue deine Arbeit."

- Erklärt, warum Jakob so gelitten hat. Überlegt, was dieses Gespräch in Jakob ausgelöst haben könnte. Das Gleichnis vom verlorenen Sohn könnt ihr im Lukas-Evangelium Kapitel 15,11–32 nachlesen.
- Luther sprach von den Erpressungsmethoden der Ablassprediger. Was meinte er damit?

Am 31. Oktober 1517 schlug Luther 95 Thesen an die Eingangspforte der Wittenberger Schlosskirche. In diesen Thesen wandte er sich gegen das Ablasswesen.
Luthers berühmter Thesenanschlag gilt als der Beginn der Reformation. Reformation heisst ‚Veränderung' oder ‚Erneuerung'.

Aus den 95 Thesen Martin Luthers

5. Der Papst ... kann keine Strafen erlassen, außer solchen, die er ... auferlegt hat.

21. Deshalb irren jene Ablassprediger, die sagen, dass durch solche Ablässe ... der Mensch von jeder Strafe frei und los werde.

27. Menschenlehre verkündigen die, die sagen, dass die Seele aus dem Fegefeuer emporfliege, sobald das Geld im Kasten klingt.

28. Gewiss, sobald das Geld im Kasten klingt, können Gewinn und Habgier wachsen, aber die Fürbitte der Kirche steht allein auf dem Willen Gottes.

33. Nicht genug kann man sich vor denen hüten, die den Ablass des Papstes jene unschätzbare Gabe Gottes nennen, durch die der Mensch mit Gott versöhnt werde.

36. Jeder Christ, der wirklich bereut, hat Anspruch auf völligen Erlass von Strafe und Schuld, auch ohne Ablassbrief

• Begründet, warum Luther den Ablasshandel so scharf ablehnte.

Luthers Streit mit der Kirche verbreitete sich sehr schnell und ließ ihn weithin bekannt werden. Auf geheimnisvollen Wegen sind Luthers reformatorische Ideen auch in das Kloster Marienthron zu Katharina gelangt. Möglicherweise hat der Torgauer Ratsherr und Händler Leonhard Koppe Schriften Luthers in das Kloster geschmuggelt. Als Fischhändler lieferte Koppe regelmäßig Waren ins Kloster, vor allem Heringe und Stockfische als Fastenspeise. Ob durch ihn Katharina von Martin Luther gehört hat?

Martin Luthers Ideen breiten sich aus

Katharina erzählt von Luther

„Ich kann mich noch gut daran erinnern, als ich zum ersten Mal etwas von Martin hörte. Ich war in der Apotheke und sortierte die Tiegel und Mörser, die ich zuvor gebraucht hatte, um getrocknete Blätter zu zerstoßen. Plötzlich hörte ich jemanden den Gang hochkommen. Tatsächlich – Ave von Schönfeld kam herein. Ave war eine gute Freundin von mir und gehörte später mit zu den geflüchteten Nonnen. ‚Katharina', flüsterte sie, ‚ich habe ungewöhnliche Neuigkeiten! Über einen Mann, der früher ein Mönch war und heute in aller Öffentlichkeit erklärt, dass der Ablasshandel Unfug sei.' Ave redete immer schneller: ‚Er hat die Bibel in die deutsche Sprache übersetzt, damit jeder sie verstehen kann – denn nur der Heiligen Schrift sei zu glauben und nicht, was irgendwelche Päpste und Priester verkünden.' ‚Wer ist dieser Mann?', unterbrach ich sie leise. ‚Er ist ein Doktor der Theologie aus Wittenberg und heißt Martin Luther. Und er sagt über das Leben im Kloster, dass die Menschen für die Ehe und nicht für die Einsamkeit geschaffen sind. Und es ist Unrecht, wenn man die Gnade Gottes einfach dadurch erkaufen will, indem man Geld dafür bezahlt oder besondere Versprechen ablegt. Und das heißt ...' ‚Das heißt', unterbrach ich sie, ‚dass wir nicht auf dem rechten Weg zu Gott sind.' Ich stand starr vor Schrecken. ‚Katharina, es geht noch weiter! Der Papst hat ein Verfahren gegen ihn eingeleitet. Ihm ist der Kirchenbann schriftlich angedroht worden, aber Luther soll die Urkunde einfach verbrannt haben. Selbst der Kaiser mischt sich nun ein. Auf dem Reichstag in Worms wollte man ihn zwingen, alles zu widerrufen, aber Luther soll gesagt haben: Hier stehe ich, ich kann nicht anders. Daraufhin ist über ihn die Reichsacht verhängt worden: Jeder hätte ihn töten können. Seine Bücher wurden verbrannt! Aber seine Anhänger hielten ihn versteckt. Immer mehr Pfarrer und Mönche schließen sich seiner Bewegung an, und heute ist er wieder in Wittenberg.' Ich war solche gefährlichen Abenteuergeschichten nicht gewohnt und begann, am ganzen Körper zu zittern. ‚Und wer beschützt ihn dort?' ‚Sein Landesherr, der Kurfürst von Sachsen!' An dieser Stelle wurde unser Gespräch vom Glockengeläut unterbrochen, das uns zum Gebet rief. Aber diesmal war ich viel zu aufgeregt, um andächtig zu werden, denn ich spürte, dass sich unser Leben völlig ändern würde."

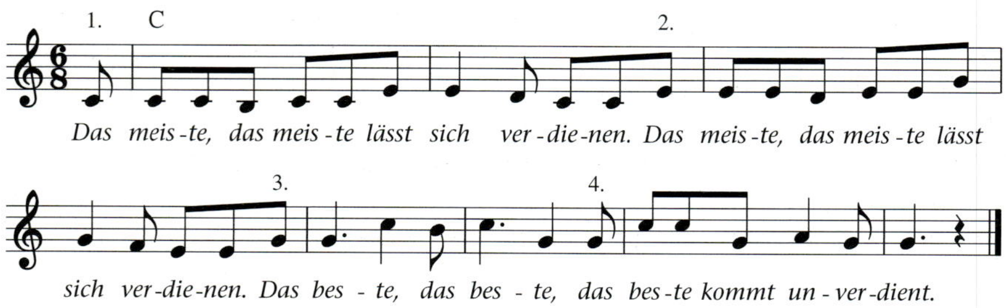

Kanon für 4 Stimmen

Text und Musik: Siegfried Macht

- Was hat Katharina über Luthers Auseinandersetzung mit der Kirche erfahren? Zieht zur Ergänzung ein Lexikon heran.
- „Das heißt, dass wir nicht auf dem rechten Weg zu Gott sind." Was meint Katharina mit diesem Satz?

Auf dem Reichstag in Worms 1521 sollte Martin Luther seine Schriften widerrufen, weil der Papst eine Spaltung der Kirche verhindern wollte und der Kaiser den Verlust seiner Macht über diejenigen Fürsten befürchtete, die sich zur Reformation bekannten.

Nach einem Tag Bedenkzeit antwortete Luther: *„Wenn ich durch Zeugnisse aus der Schrift … widerlegt werde, so bin ich durch die von mir angeführten Worte der Heiligen Schrift überzeugt. … Und da mein Gewissen in Gott gefangen ist, kann und will ich nichts widerrufen, weil es gefährlich und unmöglich ist, etwas gegen das Gewissen zu tun. Gott helfe mir, Amen."*

Dieser alte Holzstich stellt die Vernehmung Luthers auf dem Reichstag in Worms dar. Luther wird vom Kaiser aufgefordert, die Bücher, die er widerrufen soll, mit ihrem Titel zu nennen (Intitulentur libri).

- Stellt die Szene nach. In der Raummitte befindet sich der päpstliche Ankläger Aleander, in der rechten Ecke thront Kaiser Karl V., ihm gegenüber steht Luther. An den Wänden sitzt der Gerichtshof, bestehend aus Fürsten, Bischöfen und Abgesandten der Reichsstädte.
  Bereitet die Anklage- und Verteidigungsreden vor.
- Luthers Auftritt auf dem Reichstag in Worms erregte große Aufmerksamkeit: ein kleiner Mönch, der sich gegen Papst und Kaiser stellt!
  Ein Gerichtsreporter schreibt einen Zeitungsartikel über dieses unerhörte Ereignis.

Luthers Lehre blieb nicht ohne Folgen für das Kloster Marienthron. Zwölf Nonnen entschlossen sich, heimlich zu flüchten. Sie wandten sich Hilfe suchend an Luther, der seinen Freund Koppe mit der Flucht beauftragte.

In der Nacht zum Ostersonntag im Jahr 1523 fuhr Koppe mit zwei Gehilfen vor und lud die Nonnen auf seinen Planwagen auf. Am nächsten Tag zogen die Flüchtlinge in Wittenberg ein.

Auf der Suche nach Freiheit

Katharina erinnert sich an ihre Flucht

„Wieder einmal hockten Ave von Schönfeld und ich nebeneinander auf Aves Pritsche, die Arme so eng wie möglich um den Leib geschlungen, weil wir jämmerlich froren. Es ist kalt in den Zellen, außerdem waren wir sehr aufgeregt.

‚Ist es recht, was wir vorhaben?', fragte ich. ‚Ich bin dessen ganz gewiss', versicherte Ave. ‚Aber lass uns nachdenken. Was war der Inhalt unseres klösterlichen Lebens?'

‚Wir glaubten, mit unserem Gelübde der Keuschheit ein Gott wohl gefälliges Werk getan zu haben.'

‚Luther belehrte uns anhand der Heiligen Schrift eines Besseren.'

‚Wir hofften, uns durch Bußübungen und Kasteiungen ein Anrecht auf einen Platz im Himmel zu erwerben.'

‚Aber Luther beweist, dass kein Mensch je gute Werke genug ansammeln könnte, um Gottes Gnade zu verdienen – wobei er auch noch betont, dass Kasteiung und Bußübungen gar keine guten Werke sind.'

‚Und die letzte schöne Sicherheit wurde uns ebenfalls zerschlagen: das Vertrauen auf die

Reste des Klosters Marienthron in Nimbschen

Fürbitte der Heiligen und die Ablass spendende Kraft ihrer Reliquien. Ganz auf uns selbst gestellt, haben wir feste Zuversicht auf Gottes Gnade und den inneren Frieden, erworben in einem frommen und pflichttreuen Leben außerhalb der Klostermauern.'

‚Ach ja, so lehrt es Doktor Martinus. Kannst du es dir vorstellen?'

‚Nein', antwortete ich ehrlich, ‚dazu kennen wir viel zu wenig von der Welt. Und trotzdem freue ich mich richtig darauf! So unwissend ich auch bin, ich sehne mich danach, die Ärmel aufzukrempeln und zu wirtschaften! Lass alle Zweifel fahren, Ave. Mit Gottes Hilfe wollen wir es anpacken, und es wird uns wohl gelingen.' Ave lächelte.

Und endlich war der Karsamstag da. Ave von Schönfeld öffnete die nur angelehnte Türe und hauchte: ‚Komm!'

Wie im Traum folgte ich, huschte durch die dunklen Gänge in den Klostergarten hinaus. Knarrte hier eine Stiege, drehte sich dort eine Tür in den Angeln? Bedeutete das Entdeckung oder Gefolgschaft? Flackerte dort nicht ein Licht?

Gegen den Himmel in seinem nachtdunklen Blau sah ich die Dächer des Dormitoriums, die Türme der Kirche. Ich roch die frische Erde, den reinen, herben Duft der Kräuter. Schon waren waren wir am Türchen. Es tat sich auf, eine Hand streckte sich uns entgegen, um uns über die Stufen zu helfen. Meister Koppe empfing uns freundlich: ein großer, starker Mann mit einer sympathischen Stimme. Beide Hände streckte er uns Nonnen entgegen. ‚Willkommen, willkommen in der Freiheit!' Die Männer halfen uns in den Wagen. Ich spürte starke Hände, die meine Taille umfassten und mich hochhoben. Ich tastete mich vor zwischen den leeren Heringsfässern und hockte mich hinter Koppes breiten Rücken. Er fuhr an. Ich sah nicht zurück.

Da waren die Geräusche der Nacht: ein leichter Wind, knackende Äste, das verschlafene Piepsen eines Vogels, der Schrei eines Käuzchens, dazu das Knirschen des Lederzeugs, das Rattern der Räder, das Klicken von Ketten, Pferdehufe auf dem Weg. Meine Augen gewöhnten sich an die Dunkelheit, und ich nahm den breiten Rücken und den Hut Koppes wahr, das glänzende Fell der Pferde. Ich erinnerte mich: So bin ich mit dem Vater gefahren als kleines Mädchen und wusste nicht, wohin. Wusste ich jetzt mehr? Ja, dachte ich bei mir, jetzt weiß ich, was ich will, und das werde ich tun. Nach meinem eigenen freien Ermessen, niemandem untertan denn Gott und Jesus Christus, und in seiner Liebe werde ich handeln."

nach Ursula Sachau

- Zeichnet eine Szenenfolge über die Flucht der Nonnen.
- Stellt euch vor, dass Katharina ihrer Äbtissin einen Brief geschrieben hat, in dem sie die Gründe ihrer Flucht erklärt. Was könnte in dem Brief gestanden haben?
- Wie stellt sich Katharina ihre neue Freiheit vor? Was wird sich in ihrem Leben verändern? Lest dazu die Seite 132 nochmals durch.

Kirchengebäude sind seit Jahrhunderten Versammlungsorte zur Feier des christlichen Gottesdienstes.
Deshalb erzählen sie auch über die Geschichte und die Bedeutung des christlichen Glaubens.
Auch die Reformation Martin Luthers lässt sich an der Kirchenarchitektur ablesen.

Die folgende Doppelseite möchte euch zu einer Kirchenerkundung anregen.

Kirchen erkunden

Evangelisch-katholisch

Kirchen sind zumeist nach Osten ausgerichtet. Sie zeigen in die Richtung, wo die Sonne aufgeht und Jerusalem liegt, der Ort der Auferstehung Christi. Ihr betretet gewissermaßen aus der Dunkelheit kommend die Kirche durch das Hauptportal im Westen und geht in Richtung auf den Altar dem Licht entgegen, das euch durch die bunten Kirchenfenster entgegen scheint. Viele auf Wände und Fenster gemalte, aus Holz geschnitzte oder aus Stein gehauene Bilder und Figuren begleiten euren Weg. Die Höhe des Kirchenraumes, die schlanken Säulen und die schmalen, hohen Fenster sollen euch das Gefühl vermitteln, als werdet ihr zu Gott hingezogen. Kirchen, die klein und gedrungen wirken, wollen Schutz und Geborgenheit bieten.

Viele Kirchen haben als Grundriss eine Kreuzform und erinnern damit an das Kreuz Jesu Christi.

Nach dem evangelischen Glaubenverständnis wird der Täufling durch die Taufe in die Gemeinde aufgenommen. Daher ist in evangelischen Kirchen das Taufbecken für die versammelte Gemeinde gut sichtbar in die Altarnähe gestellt. In den katholischen Kirchen steht das Taufbecken in der Nähe des Eingangsportals in der Kirchenvorhalle und soll die Eintretenden an die errettende und Sünden vergebende Kraft der Taufe erinnern.

In den evangelischen Kirchen sind die Seitenschiffe leer. In den katholischen Kirchen stehen dort Altäre, in denen sich früher auch die Reliquienschreine befanden.

Im evangelischen Gottesdienst besitzt die Predigt eine größere Bedeutung, so dass die Kanzel mehr ins Blickfeld der Gemeinde gerückt ist. In katholischen Kirchen gibt es bisweilen nur ein Lesepult, Ambo genannt.

Im Mittelpunkt der katholischen wie auch der evangelischen Kirchen steht der Altar oder ein Abendmahlstisch. Hier wird das Wort Gottes verkündet und das Abendmahl gefeiert. In einigen katholischen Kirchen steht der Altar im Chorraum, der nur für die Geistlichen vorgesehen ist.

Blick in den Kölner Dom

In der Nähe eurer Schule gibt es gewiss eine Kirche, die es zu erkunden lohnt. Organisiert in Absprache mit dem zuständigen Pastor oder der Pastorin einen Besuchstermin.
Schon vorher könnt ihr anfangen, die Geschichte der Kirche zu erforschen:
Wann wurde sie erbaut? Wer hat sie erbaut?
Lassen sich noch alte Dokumente finden?
Welche Bedeutung hat der Name der Kirche?
Stellt einen Fragebogen zusammen.

Eine Kirche besuchen

Nicht nur bei alten Kirchen lohnt sich ein ‚Rundgang'. Welches Material wurde verbaut?
Gibt es zugemauerte Fenster oder Türen? Steinmetzzeichen? Sonnenuhren? Grabplatten?

In dunklen Kirchen kann man mit Taschenlampen oder Kerzen Gegenstände eingehender betrachten. Details, z. B. Verzierungen an Kirchenbänken oder Steinornamente, die euch gefallen, könntet ihr ‚kopieren', indem ihr dünne Goldfolie auf das Detail legt und vorsichtig andrückt.

Den Grundriss der Kirche könnt ihr nachzeichnen, indem ihr mit einer langen Leine, in der sich Knoten in Abstand von einem Meter befinden, den Raum ausmesst und die Maße maßstabsgerecht aufzeichnet.

Wollt ihr wissen, wie hoch die Kirche ist?
Kein Problem! Besorgt Euch einen mit Gas gefüllten Luftballon und eine Rolle Zwirnsfaden.

Die Kirche ist ein Ort der Stille und der Andacht. Sucht euch einen ‚Lieblingsplatz' in der Kirche und versucht so leise zu sein wie möglich. Was könnt ihr in der Stille hören?

Wenn ihr gemeinsam ein Lied singen möchtet, stellt Euch hierzu im Halbkreis vor dem Altar auf.

Spielt Luther: Überlegt euch drei Sätze, die mit der Einleitung beginnen: ‚Was ich der Kirche sagen möchte ...' Oder sucht euch aus der Bibel eine Geschichte oder einen Psalm heraus, den ihr von der Kanzel vorlesen wollt.

Die Kirche ist auch der Ort des gemeinsamen Gebetes. Überlegt euch, wo ihr das Gebet sprechen und welche Gebetshaltung ihr dabei einnehmen wollt (stehend, sitzend, im Kreis...).

Ihr könntet das Vaterunser beten. Zuvor könnt ihr Gebetskerzen entzünden und aufstellen. Versucht vor und nach dem Gebet einen kurzen Moment zu schweigen.

Besprecht im anschließenden Unterricht eure Erfahrungen.

Schülerinnen bei einer Kirchenerkundung in der Marktkirche Hannover

Jerushalaijm –
Jerusalem – al Quds

Das Relief am Triumphbogen für Kaiser Titus in Rom zeigt den Raub des siebenarmigen Tempelleuchters, der *Menora,* aus Jerusalem durch die römischen Truppen.

Die *Menora* ist heute das Emblem des Staates Israel.

Kinder und Jugendliche im Judentum

Das Purimfest

Das Lieblingsfest vieler jüdischer Kinder ist das Purimfest. Dieses Fest wird zu Ehren der jüdischen Königin Esther gefeiert. Sie war mit dem persischen König Xerxes verheiratet und hat ihr Volk gerettet, als der heimtückische Hofbeamte Haman alle jüdischen Frauen, Männer und Kinder umbringen wollte.

Beim Purimfest kostümieren sich die Kinder: Die Mädchen verkleiden sich als Esther und die Jungen als Xerxes oder Haman. Wenn die Geschichte vorgelesen wird und Hamans Namen fällt, machen die Kinder mit Holzrasseln so viel Krach, dass sein Name nicht mehr zu verstehen ist.

Dan Rubinstein, 1977/78

- Der Künstler Dan Rubinstein hat in seinem Bild die Szene dargestellt, als Esther sich an den König wendet, um ihr Volk zu retten. Außerdem hat er den Untergang des ägyptischen Heeres im Schilfmeer gezeichnet. Wie deutet ihr diesen Zusammenhang?
- Überlegt euch, aus welchen Gründen im Judentum heute noch das Purimfest gefeiert wird. Warum stehen die Kinder bei diesem Fest im Mittelpunkt?
- Wie es Esther gelang, Haman zu überlisten, könnt ihr in der Bibel im Buch Esther nachlesen.

Die Klagemauer in Jerusalem.
Auf Hebräisch heißt sie *Kotel ma'arawi*. Für die Juden ist dieser Ort heilig, weil die Mauer der letzte Rest des jüdischen Tempels ist.
Die Römer zerstörten den Tempel im Jahr 70 n. Chr. und vertrieben die Juden aus Israel.
Erst fast 2000 Jahre später, im Jahr 1948, konnten die Juden in Israel wieder einen eigenen Staat gründen.

Barmizwa und Batmizwa

Im Alter von 13 Jahren werden die jüdischen Mädchen und Jungen als vollwertige Mitglieder in die jüdische Gemeinde aufgenommen: Sie werden dann *Batmizwa* (Tochter des Gebotes) oder *Barmizwa* (Sohn des Gebotes). Im Unterricht lernen die Jugendlichen ihre Aufgaben und Pflichten als erwachsene Juden kennen. Außerdem lernen sie, den hebräischen Text aus der Tora vorzutragen. Wenn ihnen dies gut gelingt, werden sie mit Bonbons belohnt.

Boris Gurariy aus der Jüdischen Gemeinde in Braunschweig erzählt:

Meine Barmizwa – zusammen mit Pavel Segal – liegt nun schon mehr als ein Jahr zurück. Aber wenn ich mich daran erinnere, werde ich sehr fröhlich. Viele Personen haben mich auf diesen Tag vorbereitet, unter ihnen meine Eltern, Rabbiner Bea Wyler, der Rabbiner-Student Jonah Sievers, die Lehrerin aus der Gemeinde Miriam Rödiger. Die Gemeindevorsitzende Renate Wagner-Redding hat uns auch viel geholfen.

Während des Gottesdienstes in der Synagoge war ich sehr aufgeregt. Es waren viele Gäste zu der Feier in die Gemeinde gekommen. Ich glaube, ich habe es ganz gut gemacht, obwohl ich glaubte, dass ich es nicht schaffen würde. Aber ich hatte lange geübt. Als ich aus der Tora vorgelesen hatte, wurden mir Bonbons zugeworfen. Gefeiert haben wir zuerst mit den Gemeindemitgliedern in der Synagoge und einen Tag später mit Verwandten. Über die vielen Gäste und die Geschenke von der Gemeinde und meiner Familie habe ich mich sehr gefreut. So viele Geschenke hatte ich nicht erwartet.

Ich glaube, dass jedes jüdische Kind Bar- oder Batmizwa feiern sollte. Es ist nicht nur ein Gebot, es macht auch viel Spaß.

Dieser Junge feiert in Israel seine Barmizwa. Er hat sich einen weißblauen Gebetsmantel (Tallit) umgehängt und trägt eine Kippa. Gut zu erkennen sind auch die Gebetsriemen (Teffelin) an seinem linken Arm und am Kopf. Er liest aus der Torarolle vor.

- Wie würdet ihr euch in einer vergleichbaren Situation fühlen?
- Was denkt Boris ein Jahr später über seine Barmizwa?

Salomea Genin wurde 1932 in Berlin geboren. Sie erzählt in ihrem Buch „Scheindel und Salomea. Von Lemberg nach Berlin“ die Geschichte ihrer Familie. Zu Beginn des Buches stellt sie sich ihren Großvater, Schulim Zwerling, beim morgendlichen Synagogenbesuch in Lemberg vor.

Die Stadt Lemberg war die größte Stadt des alten Fürstentums Galizien. Hier lebten Österreicher, Deutsche, Russen, Polen, Ukrainer und Juden. Anfang des letzten Jahrhunderts war Galizien Teil des österreichischen Kaiserreichs.
Jetzt gehört Galizien zur Ukraine, und Lemberg heißt heute Lwiw.
Vor dem Beginn des Zweiten Weltkriegs waren ein Drittel der 340 000 Einwohner der Stadt Juden, von denen nur wenige den Krieg überlebten.

Gottesdienst in der Synagoge

Morgens in der Synagoge

Schulim Zwerling, nicht sehr hoch gewachsen und mit einem graumelierten Bart, der nie geschnitten worden war, eilte jeden Tag noch vor dem Frühstück aus dem Haus. Natürlich hätte er zu Hause sein Morgengebet verrichten können, aber in der *Schul,* der Synagoge, war er näher bei Gott, dessen heiligen Namen niemand aussprechen darf. Der Gottesdienst beginnt, wenn zehn Männer zu einem *Minyan* sich versammelt haben. Gott behüte, es würden mal nur neun kommen, Schulim würde ohne guten Grund bestimmt nie fehlen!

Es war noch dunkel, als er kurz vor sieben die eine Seite der breiten Legionow-Allee überquerte, auf dem Mittelstreifen an dem Opernhaus vorbeiging, nach rechts schaute und auf der anderen Straßenseite wohlbehalten ankam. In einer winkligen Gasse trat er durch eine unscheinbare Tür, ging durch einen kurzen, engen Korridor, machte eine zweite Tür auf und gelangte so in einen großen, matt erleuchteten Saal. Vorn am Pult flackerten mehrere Kerzen und erhellten die beiden Tafeln mit den Zehn Geboten in der Wand und auch das bunte Fenster, in dem ein großer *Magen David,* ein Davidstern, dunkelblau leuchtete. Hier in der *Schul* konnten zu den Hohen Feiertagen mehr als tausend Menschen sitzen, die Frauen von den Männern getrennt auf der Galerie im ersten Stock. Heute aber waren nur wenige Männer in den vorderen Reihen. Schulim begab sich auf den Platz mit seinem Namensschild, schaute in die Runde, begrüßte alle mit einem kaum merkbaren Kopfnicken. Fast dreißig, schätzte er. Auch gut. Er wusste, am frühen Morgen würde nicht viel gesprochen werden. Jeder war mit sich beschäftigt, suchte Besinnung für die Anstrengungen des kommenden Tages. Hier war die Gemeinschaft, die er brauchte, sie war ihm wie eine zweite Familie. Aus ihr schöpfte er Kraft und inneren Frieden. Durch das gemeinsame Gespräch mit Gott verloren auch die Sorgen des Alltags ihre Bedeutung.

Der *Chasan,* der Kantor, stand am Pult und hob mit seinem hellen Tenor an, die hebräischen Worte des täglichen Gebetes zu singen. Manche folgten ihm leise mit dem Blick auf das Gebetbuch, andere, wie Schulim, schlossen die Augen, wiegten sich vor und zurück und sangen hörbar mit. Für Fremde mochte es klingen wie ein unverständliches, schnell heruntergeleiertes Gebrabbel und Gemurmel zu einer exotisch klingenden Melodie. Für Schulim war es der Halt und der Mittelpunkt seiner Existenz. Leise und laut, singend und murmelnd wurde weiter gebetet, bis zum Höhepunkt des Gottesdienstes.

Unterstützt von den Stimmen der anderen, rief der Kantor in hohen, durchdringenden Tönen aus: *„Schmah Yisruel, Adoyschen eloyhainu Adoyschem echud.“* Höre Israel, der Ewige, unser Gott, der Ewige ist einzig. Und dann leise: *„Baruch haschem kewod malchussoh l'oylem vo'eyd.“* Gelobt sei der Name der Herrlichkeit seines Reiches immer und ewig. In diesen harmonischen Klängen wurde Gott für sie greifbar und das Land, in dem sie lebten, so unwichtig wie der Wechsel der Regierungen.

Plötzlich trat Stille ein. Nur das Hochklappen der Sitze und das Rascheln von Kleidung war zu hören, als die Gemeindemitglieder sich erhoben. Manche lächelten einander zu, andere wechselten wenige Worte. Sichtbar ruhig, für den Tag gestärkt, einzeln, zu zweit und zu dritt traten sie hinaus auf die Gasse und gingen ihrer Wege.

Salomea Genin

Schon zu Jesu Zeiten gab es Synagogen. Der religiöse Mittelpunkt war jedoch der Tempel in Jerusalem. Hier wurden die großen Feste gefeiert.
Dort, wo Juden sich niederließen, bauten sie Synagogen, um gemeinsam Gottesdienste feiern zu können.
Die Synagoge dient auch als Ort der Zusammenkunft und des Studiums der heiligen Schriften.

In Deutschland lebten 1925 über eine halbe Million Juden. Während des Dritten Reiches wurden nahezu alle deutschen Juden vertrieben oder ermordet. Heute leben in Deutschland wieder etwa 70 000 Juden.

Kantor Lazlo Pasztor in der Synagoge Pestalozzistraße. Er kam aus Ungarn nach Berlin.

Das Foto zeigt die heutige Innenansicht der Synagoge Pestalozzistraße in Berlin, die 1912 eingeweiht wurde. Im Hintergrund seht ihr den Toraschrein, der von einer reich verzierten Decke verhüllt ist. In diesem Schrein befinden sich die Torarollen. Während des Gottesdienstes nimmt der Kantor (Chasan) eine Rolle heraus. Ein Helfer trägt die Rolle feierlich zum Lesepult, dem Almemor, der sich vor dem Toraschrank befindet. Ein Mitglied der Gemeinde wird dann gebeten, einen Abschnitt aus der Tora vorzulesen.

- Für Schulim Zwerling war das tägliche Gebet in der Synagoge ein wichtiges Ereignis. Welche Bedeutung hatte für ihn der Besuch in der Synagoge?

Der Halbmond mit dem Stern ist ein wichtiges Symbol für den Islam. Muslime sehen in Mond und Sternen Zeichen für das Licht des Koran, das ihnen Orientierung gibt. Das Zeichen findet sich auf Moscheen, Fahnen, Briefmarken usw. Der internationalen Hilfsorganisation ‚Rotes Kreuz' entspricht in islamischen Ländern der ‚Rote Halbmond'.

Was Muslime glauben

Dieses Bild zeigt die unterschiedlichen muslimischen Gebetshaltungen in einer Moschee.

Es gibt keinen Gott außer Allah, Mohammed ist sein Prophet.

Zu den fünf Grundpflichten, den Fünf Säulen, der Muslime zählen das Glaubensbekenntnis *(Schahada)*, das tägliche Pflichtgebet (*Salat;* morgens, mittags, nachmittags, bei Sonnenuntergang und nachts), das Fasten *(Saum)* im Monat Ramadan und die Entrichtung der Armensteuer *(Zakat)*. Fünftens sollen die Muslime einmal in ihrem Leben zum Heiligtum der *Kaaba* in Mekka zu pilgern *(Hadsch)*. Die Pilgerreise muss aber nur der antreten, der dazu ausreichend Kraft und Geld hat.

Jerusalem heißt auf arabisch: al-Quds, die Heilige Stadt.

Der Felsendom in Jerusalem. Auf Arabisch heißt dieser Ort: Haram-asch-scharif. Er ist für die Muslime heilig, denn nach der muslimischen Überlieferung ist von hier der Prophet Mohammed in den Himmel aufgestiegen.

Der Koran, das heilige Buch der Muslime

Das heilige Buch des Islam, der *Koran,* enthält die göttlichen Offenbarungen, die Mohammed von Allah empfing. Gott sprach durch seinen Engel Gabriel zu Mohammed, der den Koran aufschreiben ließ. Der Koran enthält Erzählungen über Gottes Schöpfung und über frühere Gottesboten. Er enthält aber auch Vorschriften über Glauben, Gebet und Fasten.

Viele Muslime lesen jeden Tag ein Stück aus dem Koran. Muslime, die den Koran sogar auswendig können, heißen *Hafiz.* In der Koranschule lernen die Kinder den Koran auf arabisch. Der Koranlehrer liest den arabischen Text vor und die Schülerinnen und Schüler sprechen dann den Text Wort für Wort nach. Es gibt zwar Übersetzungen, aber nach muslimischer Vorstellung kann man den Koran nur richtig verstehen, wenn man ihn auf arabisch liest.

Die Muslime glauben, dass sich Gott durch den Koran den Menschen direkt geoffenbart hat; Mohammed ist lediglich sein Sprachrohr. Im Vergleich dazu glauben die Christen, dass sich Gott in Jesus Christus offenbart.

Sowohl für die Juden wie für die Muslime ist die christliche Vorstellung, Jesus sei Gottes Sohn, unannehmbar. Für die Juden ist Jesus ein jüdischer Rabbi. Für die Muslime gehört Jesus neben Adam, Abraham, Mose und anderen Männern zu den Propheten, die den Menschen von Allah erzählt haben. Der wichtigste Prophet ist jedoch Mohammed.

Der Koran hat 114 Kapitel, Suren. Die erste Sure heißt *al-Fatiha,* die Eröffnung. Sie ist für die Muslime so wichtig wie das Vaterunser für die Christen:

Im Namen Gottes,
des Erbarmers, des Barmherzigen.
Lob sei Gott,
dem Herrn der Welten,
dem Erbarmer, dem Barmherzigen,
der Verfügungsgewalt besitzt
über den Tag des Gerichtes!
Dir dienen wir, und Dich bitten
wir um Hilfe.
Führe uns den geraden Weg,
den Weg derer, die du begnadet hast,
die nicht dem Zorn verfallen,
und nicht irregehen.

Dieses Bild zeigt den Aufstieg des Propheten Mohammed mit seinem Pferd el-Burak (der Blitz) in den Himmel. Das Gesicht des Propheten wird nur verhüllt dargestellt.

- Vergleicht die Fatiha mit dem Vaterunser (S. 98). Welche Unterschiede und Gemeinsamkeiten fallen euch auf?

Im Jahr 1095 wandte sich der christliche Kaiser aus Byzanz (Istanbul) Hilfe suchend an Papst Urban II. Seit 200 Jahren beherrschten die Araber den südlichen Mittelmeerraum und bedrohten nun das byzantinische Reich. Papst Urban II. rief 1096 zum ersten Kreuzzug auf, um die heiligen Stätten in Jerusalem von den muslimischen ‚Ungläubigen' zu befreien. Schon ein Jahr später brachen 4500 Ritter und 30 000 Mann Fußvolk auf, die 1099 Jerusalem eroberten.

Viele meinten, gegen die Juden ebenfalls vorgehen zu müssen. So kam es auch in deutschen Städten zu Pogromen gegen die jüdischen Einwohner. Fünfzig Jahre später versuchten muslimische Heere, Jerusalem zurückzuerobern. Papst Eugen III. forderte Abt Bernhard von Clairvaux auf, für einen neuen Kreuzzug zu werben.

Pogrom: gewalttätige Ausschreitung gegenüber Minderheiten

Kampf um Jerusalem: Die Kreuzzüge

Bernhard von Clairvaux ruft zum Kreuzzug auf

Abt Bernhard hatte seinen Bruder Guido zu sich in den Kapitelsaal des Klosters Vézelay gerufen. Beide sahen sich jetzt nur selten. Es war kalt und zugig in dem ungeheizten Raum. Draußen regnete es ununterbrochen.

„Mein Abt!" Guido verneigte sich tief vor seinem Bruder. „Erhebt Euch, Bruder Guido." Die Hände gefaltet, ging Bernhard unruhig auf und ab. „Es gibt schlimme Nachrichten aus dem Heiligen Land. Die Heiden bedrängen die Christen, sie wollen uns Jerusalem, die heilige Stadt Gottes, rauben und das Grab Christi in Beschlag nehmen. Die Ritter sind wieder gefordert, das Kreuz auf sich zu nehmen und in den Kampf zu ziehen. Der Papst hat von mir verlangt, dass ich zum Kreuzzug aufrufe."

„Der Papst will die weltlichen Herrscher nur unter seine Macht zwingen!", murmelte Guido und fuhr mit erhobener Stimme fort: „Bedenkt doch, Bernhard, der erste Kreuzzug liegt schon ein Menschenalter zurück, aber die grauenvollen Schlachten, der Mord der vielen unschuldigen Frauen und Kinder und der jämmerliche Tod unserer christlichen Brüder sind uns noch frisch in Erinnerung. Unser Gott ist doch ein Gott der Liebe und des Lebens! Ihr dürft dem Papst nicht folgen." „Schweigt, Guido!" Bernhard blieb abrupt stehen. „Der Papst hat es befohlen, durch sein Wort ist es Gott, der es befiehlt!"

Zum Osterfest 1146 kündigte Bernhard in Vézelay den Feldzug nach Jerusalem feierlich an:

„Die Erde bebt, sie ist erschüttert, denn es besteht die Gefahr, dass Gott seine Heimat verliert, die ihm eigen ist, da er doch mehr als dreißig Jahre unter den Menschen gelebt hat. Seine Wunder haben sie berühmt gemacht, und sein Blut hat sie geheiligt; dort sind die ersten Blumen der Auferstehung erblüht. Jetzt erheben aufgrund unserer Sünde die Feinde des Kreuzes ihr ruchloses Haupt, und ihr Schwert entvölkert dieses gesegnete Stück Erde, das Land der Verheißung. Und wenn niemand Widerstand leistet, dann stürzen sie sich auf die Stadt des lebendigen Gottes, um die Orte zu verwüsten ..., um die heiligen Stätten zu besudeln .... Sie wollen sich der heiligsten Wallfahrtsstätte des christlichen Glaubens bemächtigen. ... Welch ein Schmerz!

Was unternehmt Ihr, mutige Männer? Was tut Ihr, Diener des Kreuzes? ... Wollt Ihr den Heiden geben, was am heiligsten ist? ...

Ich aber sage Euch: Gott gibt Euch eine Chance, er blickt auf Euch Menschenkinder, um zu sehen, ob sich unter euch welche befinden, die ihn verstehen, ihn suchen und für ihn leiden. Selbst denjenigen unter Euch, welche die schlimmsten Verfehlungen begangen haben, zeigt er einen Weg zum Heil. Haltet Euch diese unermessliche Güte vor Augen! ... Er ist so gütig und bittet alle, ihm zu dienen."

- Mit welchen Argumenten versuchte Bernhard, seine Zuhörer für die Teilnahme am Kreuzzug zu gewinnen? Was haltet ihr von seinen Argumenten?
- Wie konnte es dazu kommen, dass sich die Christen gegenüber den Muslimen im Recht fühlten?
- Verfolgt auf einer Landkarte, wie die Kreuzritterheere nach Jerusalem gelangen konnten.

Der zweite Kreuzzug war ein Fehlschlag. Die Truppen der Kreuzritter erreichten im Juli 1148 Damaskus. Die Kämpfe waren für beide Seiten sehr verlustreich. Den Christen gelang es zwar, beim ersten Angriff die Obstgärten vor der Stadt einzunehmen und bis zum Fluß Barawa vorzudringen. Jedoch scheiterten sie bei dem Versuch, Damaskus zu erobern. Geschlagen mussten sich die christlichen Heere wieder zurückziehen. Es war auch eine Niederlage für Bernhard, der nun von vielen für den Misserfolg verantwortlich gemacht wurde.

Die Belagerung von Damaskus 1148: Die Schlacht am Fluss Barawa

Der arabische Augenzeuge Ibn al-Qalanisi berichtete vom Kampf vor den Stadtmauern:

„Die Muslime stellten sich ihnen zur Schlacht: Rekruten, todesmutige Türken, Männer der Bürgerwehr, Freiwillige und Glaubensstreiter. Der Tod breitete sich unter ihnen aus. Die Ungläubigen behielten die Oberhand über die Muslime, denn sie waren ihnen an Zahl und Waffen überlegen."

- Wie stellen sich die Kreuzzüge aus muslimischer Sicht dar?

Im Jahr 716 eroberten die Muslime fast die gesamte spanische Halbinsel und herrschten dort über 700 Jahre. Die Araber nannten das Land *al-Andalus,* das Land der Vandalen. Von dort aus unternahmen die *Sarazenen,* die arabischen Krieger, Vorstöße nach Frankreich und Italien.
Die große Mehrheit der Einheimischen akzeptierte die Eroberer rasch. Weder Christen noch Juden wurden gezwungen, sich zum Islam bekehren zu lassen.

Diejenigen, die glauben, und diejenigen, die Juden sind, und die Christen [...], all die, die an Gott und den Jüngsten Tag glauben und Gutes tun, erhalten ihren Lohn bei ihrem Herrn, sie haben nichts zu befürchten, und sie werden nicht traurig sein.

Sure 2,62

Das goldene Zeitalter

Blick in den Löwenhof des Sultanpalastes von Granada, der *Alhambra,* die vor über 700 Jahren erbaut wurde.

Die Wände sind mit Mustern und Inschriften verziert. Sehr häufig ist der Ausspruch zu finden: *Lâ ghâlib ailla-l-lâh,* „Keiner ist Sieger außer Gott". Es gibt auch Verse, die die Schönheit der Alhambra loben:
„Hier fliegen die Vögel der Hoffnung,
die Früchte der Lebenslust aufzulesen
im Garten der Herrlichkeit."

Bild eines Sultans in der Alhambra

Christliche Fürsten unternahmen immer wieder Versuche, die Muslime aus Spanien zu verdrängen. Die Reconquista, die Rückeroberung Spaniens, wurde 1492 beendet: Der letzte Sultan (Herrscher) von Granada ergab sich dem spanischen König. Über die spanischen Juden brach im selben Jahr eine große Katastrophe herein: Da man sie beschuldigte, die Muslime unterstützt zu haben, wurden viele von ihnen getötet, der Rest zwangsweise zu Christen bekehrt oder aus dem Land vertrieben.

Trotz der immer wieder aufbrechenden Unruhen und Kriege erblühte in Andalusien unter der Herrschaft der spanischen Muslime, der Mauren, eine reiche Kultur.
Hier lebten und arbeiteten bedeutende muslimische, christliche und jüdische Gelehrte, Dichter, Künstler, Ärzte und Architekten.

Nuwaira

In Almeria, einer Stadt in Andalusien, lebte einst der Dichter Abû 'Abd Allâh ibn al-Haddâd. Er liebte Nuwaira, ein christliches Mädchen. In einem Brief gestand er ihr seine großen Liebe:

Vielleicht wirst du durch Jesu Gnaden meinem kranken Herzen Frieden schenken! Die Schönheit hat dir die Macht gegeben, mich leben und sterben zu lassen, sie hat mich dazu gebracht, die Kreuze der Mönche und Asketen leidenschaftlich zu lieben.

Deinetwegen bin ich einer harten Probe ausgesetzt, sehe aber kein erlösendes Ende der mir von dir auferlegten Qualen. Ich kann keine Zerstreuung im Vergessen finden, denn du hältst mich in den Netzen deines Herzens verstrickt. Ich habe schon viele Blutstränen vergossen, aber du fühlst kein Mitleid mit dem Weinenden.

Weißt du etwa, was deine Augen für meine entschieden haben? Kennst du etwa das Feuer, das in meinem Herzen das sanfte Licht entzündet, das aus deinem Antlitz strahlt?

Du hast meinen Augen dein Licht vorenthalten, das stärker als die Sonne scheint. Im zarten Zweige und im sandigen Hügel sehe ich deine Hüften. Im Blumenbeet spür' ich deine Wangen, in seinem Duft den deinen.

Nuwaira, wenn du mich meidest, so werde ich dich trotzdem lieben, ich liebe dich. Deine Augen können es bezeugen, ich bin eines deiner Opfer.

- Was verrät euch der Brief über das Verhältnis zwischen dem muslimischen Dichter und dem christlichen Mädchen? Achtet auf die Bedeutung der Augen.
- Welche Rückschlüsse lässt der Brief über die Beziehung zwischen Christen und Muslimen in Andalusien zu?
- Die Zeit der maurischen Herrschaft in Spanien wird auch als das Goldene Zeitalter bezeichnet. Erklärt diesen Ausdruck.

In der Nacht vom 9. zum 10. November 1938 steckten die Nationalsozialisten und ihre Anhänger in ganz Deutschland und Österreich die Synagogen in Brand. Viele Schaufenster jüdischer Geschäfte wurden eingeschlagen und die Ladeneinrichtungen zerstört. Dieses Ereignis wurde noch lange als ‚Reichskristallnacht' bezeichnet.
Etwa 30 000 Juden wurden verhaftet und in Konzentrationslager gebracht. Viele wurden gefoltert und getötet.

Der Novemberpogrom war ein weiterer entscheidender Schritt auf dem Weg zur Ermordung der Juden im Dritten Reich.
Auslöser für die Ausschreitungen war ein Attentat des 17-jährigen polnischen Juden Herschel Grünspan auf einen deutschen Diplomaten in Paris.
Die Nationalsozialisten hatten die Aktionen schon lange vorbereitet, auch die Verhaftungslisten lagen bereits vor.

Der Novemberpogrom 1938

Das Bild zeigt die Synagoge in Osnabrück, die 1938 verbrannte. Der Schienenstrang führt zum Eingangstor des Konzentrationslagers Auschwitz. Auf den Schienen liegt der ‚Judenpass' des aus Osnabrück stammenden jüdischen Künstlers Felix Nussbaum, der 1944 in Auschwitz vergast wurde.

Hartmut R. Berlinicke, 1982

- Erarbeitet ein Referat über das Leben und das Werk von Felix Nussbaum. Informationen findet ihr in Lexika und im Internet (www.felix-nussbaum.de).

In Berlin lebten im Jahr 1933 über 160 000 Juden. Viele von ihnen wohnten im ‚Scheunenviertel', unweit von der Innenstadt. Sie galten als besonders fromm. In der Nähe stand in der Oranienburger Straße die Neue Synagoge. Sie wurde in der Pogromnacht nur wenig beschädigt. Während des Krieges brannte sie jedoch aus.
1995 wurde die Synagoge teilweise restauriert. Sie erinnert heute an die Geschichte der Juden in Berlin und gilt als Zeichen für das wieder erstehende jüdische Leben in Deutschland.

Eine Augenzeugin berichtet

Ruth Gross wurde 1931 geboren und lebt heute in Berlin. Sie ist die Tochter von Abraham Pisarek (1901-1983), einem bekannten Berliner Fotografen. Ihr Vater überlebte die Judenverfolgung im Dritten Reich als Zwangsarbeiter in Berlin.

Zunächst wohnte die Familie in Reinickendorf, einem nordwestlichen Berliner Bezirk. Dort wurde ihr gekündigt, weil die Verwaltung der Siedlung „ihren Mietern nicht mehr zumuten konnte, mit Juden in einem Haus zu wohnen". Daher zogen die Pisareks in die Oranienburger Straße.

Über den Morgen des 10. November erzählt Ruth Gross:

„Am Morgen nach der Kristallnacht ging mein Vater mit mir an der Synagoge vorbei, auf dem Bürgersteig lagen Berge von zusammengekehrten Scherben, Bibeln und Gebetbüchern. Ich wollte eines davon aufheben, weil es eine Sünde ist, solche Bücher in den Dreck zu werfen, aber mein Vater zog mich erschrocken zurück. Ich konnte es nicht fassen – ich war damals sieben Jahre alt. In der Schule hatte man uns beigebracht, dass man ein heiliges Buch, wenn es versehentlich vom Pult gefallen war, küssen musste, gleichsam um das Buch, in dem Gott wohnt, um Verzeihung zu bitten. Hier lagen sie im Dreck, und mein Vater selbst hinderte mich daran, etwas zu ihrer Rettung zu tun. Er kannte die Gefahr, die um uns herum lauerte, während ich erst langsam zu begreifen begann. Mein Vater wollte bei diesem Gang Augenzeuge sein, nicht nur der Verwüstungen, sondern vor allem der Reaktionen der nichtjüdischen Bevölkerung."

- Welche Reaktionen der nicht-jüdischen Bevölkerung wird der Vater beobachtet haben?
- Überlegt euch, welche Fragen Ruth ihrem Vater gestellt haben mag.
  Welche Antworten wird er ihr gegeben haben?
- Gab es früher oder gibt es heute in eurer Nähe eine Synagoge?
  Erkundigt euch nach ihrer Geschichte.

Für das Judentum, das Christentum und den Islam ist die heilige Stadt Jerusalem unverzichtbar. Außerdem ist Jerusalem die Hauptstadt des Staates Israel. Aber auch Muslime beanspruchen Jerusalem als Hauptstadt für den Staat Palästina. Deswegen kommt es immer wieder zu Auseinandersetzungen.

Dennoch träumen Juden, Christen und Muslime davon, dass von Jerusalem der Frieden für alle Menschen ausgeht.

Shalom Salam – Jerusalem – Stadt des Friedens

T.: Christine Heuser, M.: Naomi Shemer

Während des Sechstagekrieges zwischen Israel und seinen arabischen Nachbarländern 1967 schrieb Naomi Schemer ein Lied über Jerusalem: *Jerushalaijm schel sahaw* (Jerusalem von Gold). Dieses Lied ist heute noch in Israel sehr beliebt. Die Melodie des Liedes ist euch vielleicht bekannt.

Im Sechstagekrieg eroberte Israel die Altstadt Jerusalems, in der sich auch der Tempelberg und die Klagemauer befinden. Seit der Gründung des Staates Israel im Jahr 1948 war Jerusalem durch eine Mauer geteilt: Sie trennte die Altstadt vom restlichen Teil Jerusalems ab. Nur Nicht-Juden und Ausländer durften am Mandelbaumtor die Grenze passieren.

- Überlegt, warum die Befreiung der Altstadt von Jerusalem ein so wichtiges Ereignis für Israel und für alle Juden ist.
- Diskutiert, was die Eroberung Jerusalems durch die Israelis aus muslimischer Sicht bedeutet.

Das himmlische Jerusalem auf dem Mahnmal für die zerstörte Synagoge in Hildesheim

1 Und ich sah einen neuen Himmel und eine neue Erde;
denn der erste Himmel und die erste Erde sind vergangen, und das Meer ist nicht mehr.

2 Und ich sah die heilige Stadt, das neue Jerusalem, von
Gott aus dem Himmel herabkommen, bereitet wie eine geschmückte Braut für ihren Mann.

3 Und ich hörte eine große Stimme von dem Thron her,
die sprach: Siehe da, die Hütte Gottes bei den Menschen! Und er wird bei ihnen wohnen, und sie werden sein Volk sein, und er selbst, Gott mit ihnen, wird ihr Gott sein;

4 und Gott wird abwischen alle Tränen von ihren Augen,
und der Tod wird nicht mehr sein, noch Leid noch Geschrei noch Schmerz wird mehr sein; denn das Erste ist vergangen.

Offenbarung 21,1–4

In dem biblischen Buch Offenbarung erzählt Johannes einen Traum vom Reich Gottes, in dem alle Menschen friedlich zusammen leben.

- Was gefällt euch an dem Traum des Johannes besonders gut? Wie stellt ihr euch die Stadt des Friedens vor?

An der Bibel arbeiten – mit der Bibel leben

Viele von euch werden einmal den Führerschein machen und Auto fahren. Den meisten wird es dabei genügen, wenn das Auto läuft und sie gut durch den Verkehr kommen.

Andere wird mehr interessieren: Was passiert eigentlich genau, wenn ich auf das Gaspedal oder auf die Bremse trete? Wie und warum läuft das Auto eigentlich? Kurz: Wie sieht es unter dem Blech, unter der schön gestylten Karosserie aus?

Einige werden dann vielleicht erfahren:
Es kann mehr Spaß machen, etwas zu benutzen, das man versteht.

Ähnlich ist es auch mit der Bibel. Vielen genügt es zu wissen, dass die Bibel in der Kirche oder zu bestimmten feierlichen Anlässen benutzt wird. Aber was wird, wenn man es genauer wissen will?

- Was verbindet die Zeichnung mit der Abbildung vom Auto? Überlegt, was der Zeichner ausdrücken wollte

Eine Umfrage der Zeitschrift „Der Spiegel“ vom Frühjahr 1999 hat ergeben, wie die Deutschen die Bibel einschätzen (s. dazu auch S. 82).
Viele Ereignisse, die von Jesus erzählt werden (z. B. seine Geburt, seine Krankenheilungen, seine Kreuzigung) schätzen 50 % als wahr ein.
Die Jungfrauengeburt und die Auferstehung finden 30% Zustimmung.

Die Bibel – viel zu dick und langweilig?

Aus einer Umfrage in einer 10. Klasse:

Wo und wie ist mir die Bibel bisher begegnet?

- ○ Im Kindergottesdienst, da haben sie uns immer biblische Geschichten erzählt.
- ○ Bei meinen Großeltern; die haben mir aus einer Kinderbibel vorgelesen.
- ○ Im Religions-, Geschichts- und Lateinunterricht.
- ○ Richtig begegnet noch gar nicht ...
- ○ Im Konfirmandenunterricht haben wir Psalmen und die 10 Gebote auswendig gelernt.

An was erinnerst du dich gern?

- ○ An die Weihnachtsgeschichte im Gottesdienst am Heiligen Abend.
- ○ An Krippenspiele in der Grundschule.
- ○ An gar nichts.
- ○ An interessante und spannende Geschichten im Kindergottesdienst, z. B. von Mose und Josef.
- ○ An die Geschichte von der Entstehung der Frau aus der Rippe des Mannes und von Adam und Eva im Paradies.

- Viele in eurer Klasse erinnern sich noch an viel mehr. Tragt zu den beiden Fragestellungen dieser Umfrage eure eigenen Erfahrungen und Erinnerungen in Gruppen auf einem großen Blatt zusammen.
- Welcher Satz aus der Umfrage regt an, sich intensiver mit der Bibel zu beschäftigen?
- Nehmt Bibeln zur Hand, sucht aus den Evangelien einige Geschichten heraus und befragt eure Mitschülerinnen und Mitschüler, ob sie das Erzählte für wahr halten.

In früheren Jahrhunderten wurden die Texte der Bibel in vielen Situationen des menschlichen Lebens benutzt. Zum Beispiel gab es in den Schulen mindestens vier Stunden in der Woche Bibelunterricht! In vielen Familien war die Bibel das einzige Buch, das man überhaupt besaß. Dies ist vor allem eine Wirkung der Reformationszeit, als Martin Luther die Bibel ins Deutsche übersetzt hat und man Wert darauf legte, dass sie möglichst allen zugänglich wurde. Der Buchdruck, der in dieser Zeit entwickelt wurde, trug dazu besonders bei. Im Mittelalter war die Bibel ein besonders wertvolles Buch, das fast nur in der Hand von Mönchen und Priestern war. Es gab sogar eine Zeit, in der die Kirche den einfachen Christen das Lesen der Bibel verbot, weil man befürchtete, dass die Laien sie nicht richtig verstehen und dass dadurch Irrlehren entstehen könnten!

- Sucht aus den vier Bildern eins aus, das eurer eigenen Meinung über die Bibel entspricht.
- Welche Durchblicke erwartet ihr von der Bibel?
- Was könnte das „Unerhörte" sein, das man in der Bibel finden kann?

Wenn wir heute Texte lesen, achten wir vor allem darauf: Stimmt das, was da berichtet wird?
Wir prüfen, welche Fakten die Texte liefern. Bei den meisten Texten der Bibel geht es aber nicht nur um die Frage nach den Fakten, sondern um die Bedeutung von Ereignissen oder die Darstellung des eigenen Glaubens, z. B. in einer Erzählung.
Die „Wahrheit" der biblischen Geschichten hängt also weniger daran, ob alles, was erzählt wird, sich im Einzelnen so abgespielt hat, sondern daran, dass in diesen Erzählungen die Erfahrungen zum Ausdruck kommen, die die Menschen mit ihrem Glauben an Gott oder Jesus haben.
Dabei ist das, was tatsächlich geschehen ist, nicht unwichtig – und wird auch bis heute immer wieder erforscht. Aber erst beides zusammen führt uns zur „Wahrheit" dieser Geschichten. Der verborgene Sinn muss entdeckt werden – dann gelingen Durchblicke auf das, was eigentlich gemeint ist.

Die Bibel – ganz schön viele Durchblicke

M. C. Escher, 1952

- Beschreibt, was auf dem Bild zu erkennen ist.
- Schaut die Spuren genau an: In welche Richtung verlaufen sie, wovon stammen sie?
- Deutet das Bild als „SINN-Bild" für „Durchblicke" in der Bibel.
  Tauscht eure Interpretationen dabei in Gruppen aus.

Die Grundsprachen der Bibel sind Hebräisch (Erstes/ Altes Testament) und Griechisch (Zweites/Neues Testament). Das sind alte Sprachen, deren Sinn auch eine gute Übersetzung nie ganz treffen kann.
Da jedes Wort im „Urtext“ mehrere deutsche Bedeutungen haben kann, ist jede Übersetzung auch eine Deutung. Es ist daher gut, unterschiedliche Übersetzungen zu vergleichen. Einige Übersetzungen sind rechts zusammengestellt.

- Elberfelder Bibel
- Einheitsübersetzung der Heiligen Schrift
- „Die Gute Nachricht“
- Die Bibel nach der Übersetzung Martin Luthers, 1984
- Die Heilige Schrift – übertragen von Naftali Herz

Elberfelder Bibel

Ein Psalm. Von David.
1 Der HERR ist mein Hirte, mir wird nichts mangeln.
2 Er lagert mich auf grünen Auen, er führt mich zu stillen Wassern.
3 Er quickt meine Seele. Er leitet mich in Pfaden der Gerechtigkeit, um seines Namens willen.
4 Auch wenn ich wandere im Tal des Todesschattens, fürchte ich kein Unheil, denn du bist bei mir, dein Stecken und Stab trösten mich.

Lutherbibel

Ein Psalm Davids.
1 Der HERR ist mein Hirte, / mir wird nichts mangeln.
2 Er weidet mich auf einer grünen Aue / und führet mich zum frischen Wasser.
3 Er erquicket meine Seele. Er führet mich auf rechter Straße um seines Namens willen.
4 Und ob ich schon wanderte im finstern Tal, / fürchte ich kein Unglück; denn du bist bei mir, dein Stecken und Stab trösten mich.

23 ¹מִזְמוֹר לְדָוִד
יְהוָה רֹעִי לֹא אֶחְסָר׃ ²בִּנְאוֹת דֶּשֶׁא
עַל־מֵי מְנֻחוֹת יְנַהֲלֵנִי׃ ³נַפְשִׁי יְשׁוֹבֵב
יַנְחֵנִי בְמַעְגְּלֵי־צֶדֶק לְמַעַן שְׁמוֹ׃
⁴גַּם כִּי־אֵלֵךְ בְּגֵיא צַלְמָוֶת לֹא־אִירָ
כִּי־אַתָּה עִמָּדִי שִׁבְטְךָ וּמִשְׁעַנְתֶּךָ

MISMOR Le DAVID

Adonáj ro-í lo áechsar
bin-ót daescháe jarbizéni
al méh menuchót jenachaléhnu

naphschí jeschuwéb
janchéni bemagléh zaedáek lema-án schemóh
gam ki-eléch begéh zalmáwaet
lo iráh ra-ó

„Die Gute Nachricht“

Ein Lied Davids.
1 Du, HERR, bist mein Hirt; darum kenne ich keine Not.
2 Du bringst mich auf saftige Weiden, lässt mich ruhen am frischen Wasser
3 und gibst mir neue Kraft. Auf sicheren Wegen leitest du mich, dafür bürgst du mit deinem Namen.
4 Und geht es auch durchs dunkle Tal – ich habe keine Angst. Du, Herr, bist bei mir; du schützt mich und führst mich, das macht mir Mut

Jüdische Übersetzung

Psalm von Dawid.
2 Der Ewige ist mein Hirt: / ich hab nicht Mangel. / Auf grünen Auen lagert er mich hin / an Wassern, dort zu ruhen, führt er
3 mich. / Die Seele labt er mir / führt mich auf rechten Gleisen /
4 um seines Namens willen. Und geh ich auch im Tal des Todesdüsters / fürcht ich kein Arg / weil du mit mir. / Dein Stab und deine Stütze / die trösten mich.

- Sprecht den hebräischen Text nach der Umschrift möglichst flüssig – wie wirkt er auf euch? Welche der Übersetzungen spricht euch an, welche nicht? Lest sie laut, mit guter Betonung. Erarbeitet eine eigene Übersetzung, indem ihr diese Vorlage verwendet und eigene Formulierungen sucht.
- Deutet die Textanordnung in Verbindung zu dem Bild von M. C. Escher. Welche Erfahrungen könnten hinter dem Psalm 23 stehen? Wie werden sie dargestellt?

Am deutlichsten zeigen die Gleichnisse den „übertragenen Sinn“ in den Bibeltexten.
Sie beschreiben etwas, das schwer zu verstehen ist – wenn man nicht „Bilder“ oder „Vergleiche“ zu Hilfe nimmt.
So hat Jesus oft vom „Reich Gottes“ gesprochen. Was mag das sein? Dazu erzählte Jesus seine Gleichnisse. Scheinbar alltägliche Dinge werden darin zu Hinweisen auf etwas, das dahinter steckt, wenn man den Sinn erfasst.

Die Bibel – mehr als nur viele Worte …

- Gibt es in diesem Text etwas „Unerhörtes“?
- Gleichnisse als „Bild-Texte“ lassen sich gut in Gesten und Körpersprache umsetzen. Sucht euch wichtige Worte aus und überlegt, welche Empfindungen dahinter stehen und wie man sie in Gebärden, Körperhaltung usw. ausdrücken kann.
- „Spielt“ dann den Text – ohne Worte, nur mit Gebärden.

Hinter den Worten der Bibel steht eine lange Geschichte, in denen Worte eine bestimmte Bedeutung erhalten haben, Erinnerungen an wichtige Ereignisse der Geschichte des Volkes Israel wachrufen.
Jedes Wort weckt auch in uns bestimmte Bilder und Vorstellungen. Um das zu erfahren, ist es nützlich, einmal die wichtigsten Worte eines Textes für sich zu betrachten. „Text" heißt eigentlich „Gewebe" (lat. textum).

Der Evangelist Matthäus

WIRFT

NACHT

DER SAME

AUFS LAND

SAMEN

GOTT

REICH

WIE – ?

SCHLÄFT

GEHT AUF

MENSCH

ER WEISS ES NICHT

STEHT AUF

- Suche dir einige Worte aus und überlege, was alles damit gesagt sein kann, welche Empfindungen oder Erfahrungen bei dir damit verbunden sind.
- Suche dann eine Mitschülerin oder einen Mitschüler. Sprich mit ihr oder mit ihm über die verschiedenen Bedeutungen.
- Schaut euch anschließend den Text wieder als ganzen an und klärt: Wie hat sich das Verständnis insgesamt entwickelt?
- Beschreibt aufgrund eurer Textarbeit, was alles mit dem „Reich Gottes" in Verbindung steht.

Eine wichtige Textform im Neuen Testament sind die „Wundererzählungen". Was meist mit „Wunder" übersetzt wird, kann vieles bedeuten: Zeichen, Hinweis, Erinnerungsmal, Krafterweis.
Man muss daher immer mit einer symbolischen Ebene beim Verstehen rechnen.
Bei den Speisungserzählungen kommt noch die Symbolik der Zahlen hinzu, die nicht zufällig gewählt sind.

Mit „Wunder" und „Zeichen" sind Erfahrungen gemeint, die zwar im Alltag geschehen, aber doch darüber hinausgehen. Nicht immer sind es außergewöhnliche Ereignisse, die die normalen Gesetzmäßigkeiten durchbrechen; viele Psalmen z. B. können auch Erscheinungen der Natur oder die Tora Gottes als „Wunder" bezeichnen.

Von einer gerechteren Welt (nicht nur) träumen

Warum zwei Speisungserzählungen?

35 Als nun der Tag fast vorüber war, traten seine Jünger zu ihm und sprachen: Es ist öde hier, und der Tag ist fast vorüber;
36 lass sie gehen, damit sie in die Höfe und Dörfer ringsum gehen und sich Brot kaufen.
37 Er aber antwortete und sprach zu ihnen: Gebt ihr ihnen zu essen! Und sie sprachen zu ihm: Sollen wir denn hingehen und für zweihundert Silbergroschen Brot kaufen und ihnen zu essen geben?
38 Er aber sprach zu ihnen: Wieviel Brote habt ihr? Geht hin und seht! Und als sie es erkundet hatten, sprachen sie: Fünf und zwei Fische.
39 Und er gebot ihnen, dass sie sich alle lagerten, tischweise, auf das grüne Gras.
40 Und sie setzten sich, in Gruppen zu hundert und zu fünfzig.
41 Und er nahm die fünf Brote und zwei Fische und sah auf zum Himmel, dankte und brach die Brote und gab sie den Jüngern, damit sie unter ihnen austeilen, und die zwei Fische teilte er unter sie.
42 Und sie aßen alle und wurden satt.
43 Und sie sammelten die Brocken auf, zwölf Körbe voll, und von den Fischen.
44 Und die die Brote gegessen hatten, waren fünftausend Mann.

Markus 6,35–44

1 Zu der Zeit, als wieder eine große Menge da war und sie nichts zu essen hatten, rief Jesus die Jünger zu sich und sprach zu ihnen:
2 Mich jammert das Volk, denn sie haben nun drei Tage bei mir ausgeharrt und haben nichts zu essen.
3 Und wenn ich sie hungrig heimgehen ließe, würden sie auf dem Wege verschmachten; denn einige sind von ferne gekommen.
4 Seine Jünger antworteten ihm: Wie kann sie jemand hier in der Wüste mit Brot sättigen?
5 Und er fragte sie: Wieviel Brote habt ihr? Sie sprachen: Sieben.
6 Und er gebot dem Volk, sich auf die Erde zu lagern. Und er nahm die sieben Brote, dankte und brach sie und gab sie seinen Jüngern, damit sie sie austeilten, und sie teilten sie unter das Volk aus.
7 Und sie hatten auch einige Fische, und er dankte und ließ auch diese austeilen.
8 Sie saßen aber und wurden satt und sammelten die übrigen Brocken auf, sieben Körbe voll.
9 Und es waren etwa viertausend; und er ließ sie gehen.

Markus 8,1–9

- Schreibt die Zahlen, die in beiden Geschichten vorkommen, an die Tafel:
  200: 5: 2: 50: 100: 12: 5000: / 3: 7: 7: 4000:
  - Wofür könnten die Zahlen stehen; was könnten sie symbolisieren?
  - Erinnert euch besonders an die Zahlen, die in der Bibel eine Rolle spielen, wobei bei runden hohen Zahlen nur die erste Ziffer von Bedeutung ist.
  - Warum stellt Markus zwei ähnliche Geschichten so dicht hintereinander? Wenn er ausdrücken wollte, dass Jesus Hungernde satt machen kann, hätte eine Erzählung genügt. So ist zu vermuten, dass Markus mit dieser Zusammenstellung noch mehr sagen will. Aber was?
- Die erste und die zweite Geschichte verweisen in verschiedene Bereiche. Was ist vermutlich der Sinn dieser beiden ähnlichen und zugleich unterschiedlichen Geschichten? Wem gilt die erste Speisung, wem die zweite?

Wahrscheinlich spiegeln sich in der Erzählung von der Brotvermehrung wichtige Erfahrungen der ersten Christen: die Situation, dass man oft kaum etwas zu essen hatte, das bereitwillige Teilen des Wenigen, was man hatte, die Gemeinschaft, die sich in den christlichen Gemeinden entwickelte und die es – wie durch ein Wunder – ermöglichte, in den ärmlichen Verhältnissen doch zurechtzukommen. Eines der ältesten christlichen Bilder stellt den Fisch und den Korb mit Brot dar, die Nahrung der Armen.

Wie die Brotvermehrung weitergehen könnte … – Eine Zukunftsgeschichte?

Als Jesus aufschaute, erblickte er eine unübersehbar große Menge Menschen. Als er sie alle sah, hatte er Mitleid und dachte: „Sie brauchen jetzt was zu essen. Wenn ich sie gehen lasse, werden sie auf dem Weg zusammenbrechen. Sie werden nicht satt von bloßer Hoffnung, bloßen Worten."

„Wie bekommen wir sie satt, Philippus?" Philippus, der rechnen konnte, sagte: „Brot für tausend Mark reicht nicht für so viele. Aber woher nehmen?"

Und Andreas, ein anderer seiner Freunde, sagte: „Da ist ein Junge, der hat in seinem Netz fünf Brötchen und zwei Fische." Aber Andreas fügte gleich hinzu: „Das ist soviel wie nichts."

Jesus sagte: „Wo ist der Junge? Wenn jeder gibt, was er hat, dann werden alle satt." Jesus schaute den Jungen an, der vor Freude strahlte. Er war von weither gekommen, um Jesus zu sehen und zu hören. Jesus sagte zu ihm: „Willst du deine Brötchen und deine Fische abgeben, so dass alle was bekommen?" Ohne zu antworten, gab der Junge die Brötchen und die Fische.
Jesus nahm ein Brötchen in die Hand und brach es in viele Stücke. Dann rief er: „Wer Hunger hat, der komme!"
Da kamen Kinder und Alte, mit bleichen Gesichtern – der Hunger schaute ihnen aus den Augen –, und dann kamen immer mehr; aber, oh Wunder, es kamen auch immer mehr, die etwas hatten und es bei Jesus abgaben: Brot und Fische und Ziegenkäse, auch zu trinken hatten einige dabei, und Jesus und seine Freunde hatten alle Hände voll zu tun, zu brechen und zu verteilen.
Ein Geber steckte den anderen an: Brotvermehrung …

Brotvermehrung! ging es durch die Menge. Jesus war zum Mittelpunkt geworden, und viele fragten: „Wo kommt denn das Brot her?"

Da kamen einige reiche Amerikaner, Farmer, Fabrikanten, der liebe Gott weiß, woher die das so schnell erfahren hatten, die kamen mit Schiffen und Lastern und Flugzeugen und brachten Lebensmittel, die sie sonst vernichtet hätten, um die Preise hochzuhalten.
Jetzt kamen sie und halfen bei der Brotvermehrung. Es entstand bald – wer weiß wie schnell – eine Weltwirtschaftsgemeinschaft, und es passierte ein Wunder nach dem anderen. Die Deutschen kamen, die Franzosen, die Japaner, die Engländer, die Chinesen, die Russen, die Südamerikaner und Australier.
Sie alle brachten, was sie hatten, es wurde geteilt und verteilt, es wurde geplant und überlegt, wie die Brotvermehrung weitergehen könne, bis an die Grenzen der Erde.

Kein Mensch wagte mehr zu sagen, es drohe eine Welthungerkatastrophe und die Erde sei bald am Ende.

- Benennt die Wunder, die sich am Anfang dieser Geschichte und am Ende ereignen.
- Was müsste sich in der Welt verändern, wenn so etwas möglich werden sollte?

Die Evangelien bestehen aus Einzelerzählungen, die als Erinnerungen an Geschehnisse um Jesus von den ersten Christen erzählt wurden. Von der Passionsgeschichte abgesehen, war wohl den späteren Evangelisten eine Reihenfolge dieser Geschichten nicht überliefert. So konnten sie sie neu zu Sinneinheiten („Sequenzen") kombinieren. Die bedeutende „Sequenz der Brote" findet sich in Mk 6–8.

Das Abendmahl als Speisungswunder (Relief 4. Jh.)

Erzählungen wie eine Perlenkette

Die „Sequenz der Brote", Markus 6,14 – 8,30

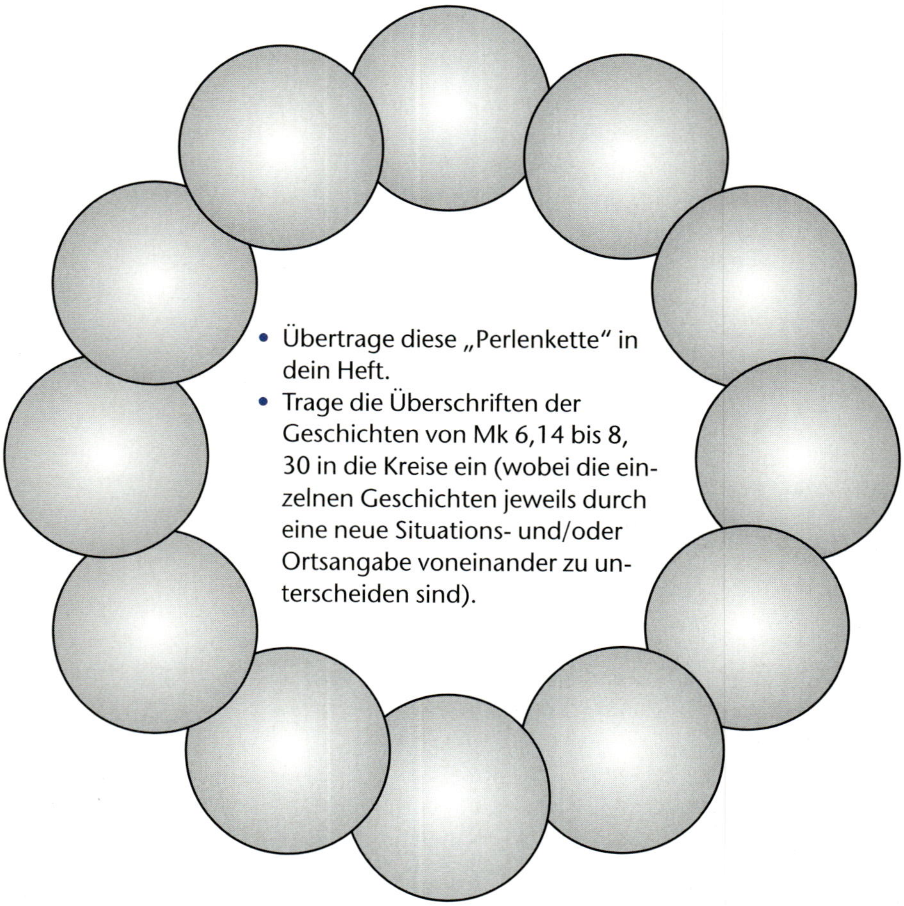

- Übertrage diese „Perlenkette" in dein Heft.
- Trage die Überschriften der Geschichten von Mk 6,14 bis 8, 30 in die Kreise ein (wobei die einzelnen Geschichten jeweils durch eine neue Situations- und/oder Ortsangabe voneinander zu unterscheiden sind).

- In welchen Geschichten kommt „Brot" als Begriff vor?
  Zieht eine Linie, die beide Speisungsgeschichten verbindet. Was ergibt sich?
- Welche Geschichten spielen außerhalb, welche innerhalb des jüdischen Gebietes (Judäa und Galiläa, s. Karte S. 171)?
- Wo verlässt Jesus das jüdische Gebiet? Ein frommer Jude glaubte, sich beim Betreten von nichtjüdischem Gebiet „kultisch unrein" zu machen. Wie wird diese Frage in der Brotsequenz gelöst?
- Welche gemeinsame „Schnittmenge" gibt es am Anfang und am Ende der Sequenz?
- Entwickle auf diesem Hintergrund eine Botschaft, die mit der gesamten Textfolge möglicherweise beabsichtigt ist.

Herodes der Große (gest. 4 v. Chr.) regierte das ganze jüdische Land unter den Römern. Nach seinem Tod wurde es unter seine Söhne aufgeteilt. 6 n. Chr. setzten die Römer Herodes Archelaus, der Samaria und Judäa regierte, ab. Der römische Prokurator (ab 26 n. Chr. Pontius Pilatus) regierte diesen Teil nun direkt. Nur Herodes Antipas hatte noch Teile des jüdischen Kernlandes: Galiläa und Peräa. Die „Dekapolis" war ein nichtjüdischer Verbund von zehn Städten (griech. deka = zehn, polis = Stadt).

Der sogenannte Pilatusstein belegt, dass Pontius Pilatus in jener Zeit in Cäsarea residierte.

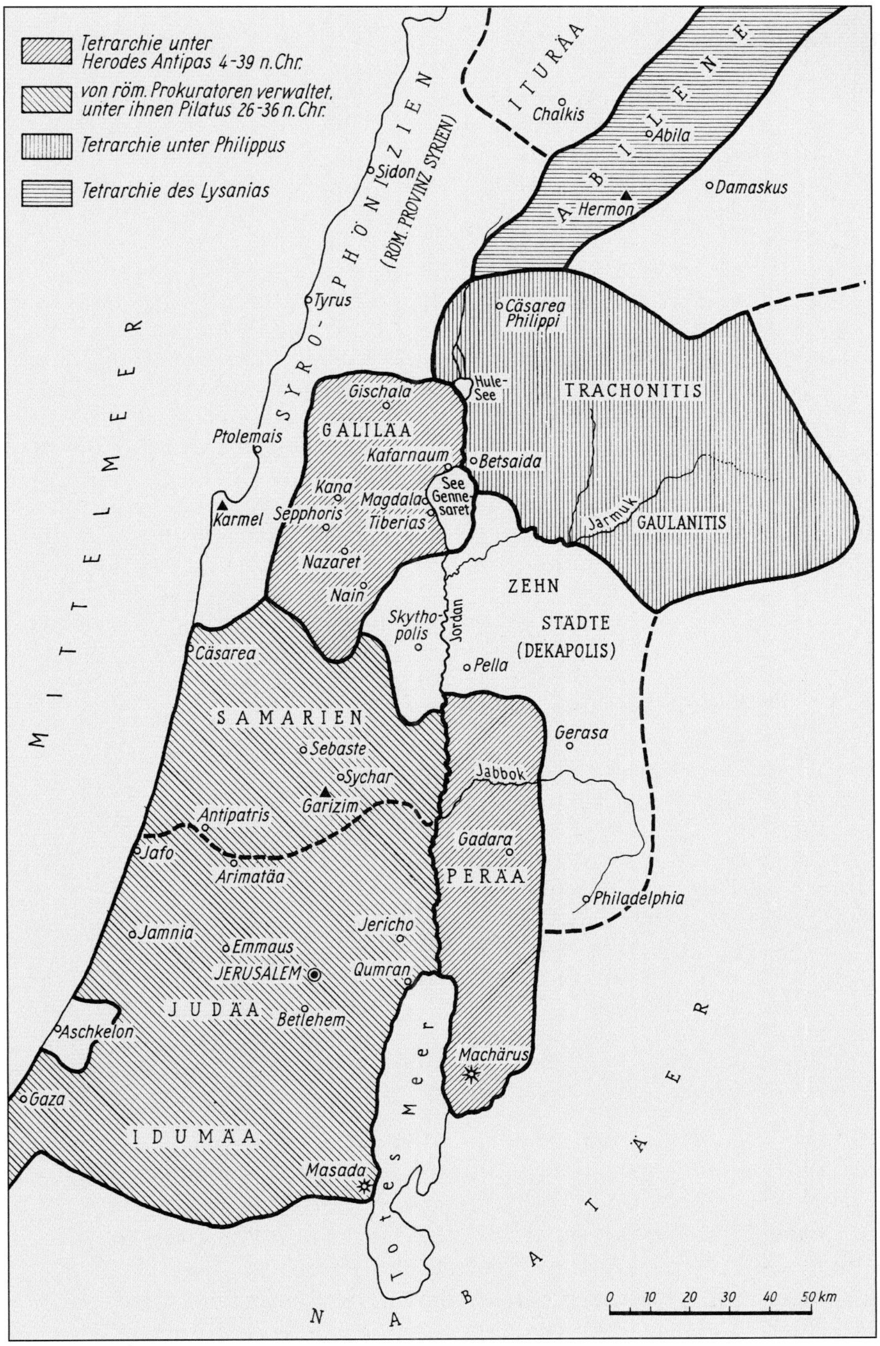

- Diese Karte enthält wichtige Hilfen, die Sequenz der Brote zu verstehen: Sucht die in der Sequenz genannten Orte.
- Wie unterstützt Markus mit den geografischen Angaben das, was er über Jesus und den Glauben aussagen will?

Fast alle Jesus-Geschichten, die Markus erzählt, kommen bei Matthäus und Lukas auch vor. Aber es gibt Reden und Worte Jesu (z. B. Bergpredigt und Vaterunser), die Matthäus und Lukas haben, Markus aber nicht. Viele Forscher gehen deshalb davon aus, dass das Markus-Evangelium und eine Schrift, die hauptsächlich Reden von Jesus enthielt, dem Lukas- und Matthäus-Evangelium als Vorlage dienten. Diese Niederschriften datiert man 65 bis 85/90 n. Chr. Wegen ihrer Vergleichbarkeit werden diese Evangelien „synoptisch" genannt (griech. Zusammenschau).

Wie man sich die Überlieferung der synoptischen Evangelien vorstellt:

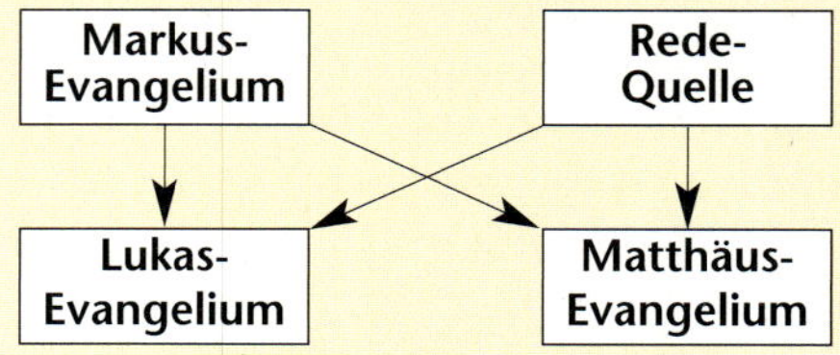

Markus, Matthäus und Lukas erzählen

Das Ährenessen am Sabbat

23 Und es begab sich, dass er am Sabbat durch ein Kornfeld ging, und seine Jünger fingen an, während sie gingen, Ähren auszuraufen.
24 Und die Pharisäer sprachen zu ihm: Sieh doch! Warum tun deine Jünger am Sabbat, was nicht erlaubt ist?
25 Und er sprach zu ihnen: Habt ihr nie gelesen, was David tat, als er in Not war und ihn hungerte, ihn und die bei ihm waren:
26 wie er ging in das Haus Gottes zur Zeit Abjatars[1], des Hohenpriesters, und aß die Schaubrote, die niemand essen darf als die Priester, und gab sie auch denen, die bei ihm waren?
27 Und er sprach zu ihnen: Der Sabbat ist um des Menschen willen gemacht und nicht der Mensch um des Sabbats willen.
28 So ist der Menschensohn ein Herr auch über den Sabbat.

Markus 2,23–28

1 Zu der Zeit ging Jesus durch ein Kornfeld am Sabbat; und seine Jünger waren hungrig und fingen an, Ähren auszuraufen und zu essen.
2 Als das die Pharisäer sahen, sprachen sie zu ihm: Siehe, deine Jünger tun, was am Sabbat nicht erlaubt ist.
3 Er aber sprach zu ihnen: Habt ihr nicht gelesen, was David tat, als ihn und die bei ihm waren hungerte?
4 Wie er in das Gotteshaus ging und aß die Schaubrote, die doch weder er noch die bei ihm waren, essen durften, sondern allein die Priester?
5 Oder habt ihr nicht gelesen im Gesetz, wie die Priester am Sabbat im Tempel den Sabbat brechen und sind doch ohne Schuld?
6 Ich aber sage euch: Hier ist Größeres als der Tempel.
7 Wenn ihr aber wüsstet, was das heißt: „Ich habe Wohlgefallen an Barmherzigkeit und nicht am Opfer", dann hättet ihr die Unschuldigen nicht verdammt.
8 Der Menschensohn ist ein Herr über den Sabbat.

Matthäus 12,1–8

1 Und es begab sich an einem Sabbat, dass er durch ein Kornfeld ging; und seine Jünger rauften Ähren aus und zerrieben sie mit den Händen und aßen.
2 Einige der Pharisäer aber sprachen: Warum tut ihr, was am Sabbat nicht erlaubt ist?
3 Und Jesus antwortete und sprach zu ihnen: Habt ihr nicht das gelesen, was David tat, als ihn hungerte und die, die bei ihm waren?
4 wie er in das Haus Gottes ging und die Schaubrote nahm und aß, die doch niemand essen durfte als die Priester allein, und wie er sie auch denen gab, die bei ihm waren?
5 Und er sprach zu ihnen: Der Menschensohn ist ein Herr über den Sabbat.

Lukas 6,1–5

[1] Nach 1. Sam 21,1-7 geschah es zur Zeit des Priesters Ahimelech, des Vaters Abjathars.

- Kopiert euch den Text und markiert mit unterschiedlichen Farben starke Übereinstimmungen und starke Unterschiede.
- Was könnte die „Grundform" der Geschichte sein – welche Elemente sind nötig, um das Gesagte zu verstehen? Habt ihr Ideen, wie die Unterschiede in den Texten zu erklären sind?
- Achtet dabei besonders auf die Geschichte, die in der Fußnote zum Markus-Evangelium angegeben ist. Daraus könnte man fast „beweisen", dass Markus die Vorlage für Matthäus und Lukas war. Wie?

Viele Erzählungen der Evangelien sind aus der Erinnerung an tatsächliche, geschichtliche Ereignisse hervorgegangen. Aber manche entstanden erst später in der Absicht, neu auftretende Probleme im Sinne Jesu zu lösen. Man zog Bibelstellen heran, um ein Problem zu beleuchten, und suchte eine Lösung, indem man dazu eine neue Geschichte erzählte. Die jüdischen Gelehrten haben dafür eine feste Form entwickelt: „den Talmud".

Eine Talmudseite

Ein Blick auf den Schreibtisch des Markus

2 Und der HERR redete mit Mose und sprach:
13 Sage den Israeliten: Haltet meinen Sabbat; denn er ist
ein Zeichen zwischen mir und euch von Geschlecht zu
Geschlecht, damit ihr erkennt, dass ich der HERR bin,
der euch heiligt.
14 Darum haltet meinen Sabbat, denn er soll euch heilig
sein. Wer ihn entheiligt, der soll des Todes sterben.
Denn wer eine Arbeit am Sabbat tut, der soll ausgerot-
tet werden aus meinem Volk.
15 Sechs Tage soll man arbeiten, aber am siebenten Tag
ist Sabbat, völlige Ruhe, heilig dem HERRN. Wer eine
Arbeit tut am Sabbat, soll des Todes sterben.

Ex 31,12–15

9 Wenn du dein Land aberntest, sollst du nicht alles bis
an die Ecken deines Feldes abschneiden, auch nicht
Nachlese halten.
10 Auch sollst du in deinem Weinberg nicht Nachlese
halten noch die abgefallenen Beeren auflesen, sondern
dem Armen und Fremdling sollst du es lassen; ich bin
der HERR euer Gott.

Lev 19,9–10

10 Sechs Jahre sollst du dein Land besäen und seine
Früchte einsammeln.
11 Aber im siebenten Jahr sollst du es ruhen und liegen
lassen, dass die Armen unter deinem Volk davon essen;
und was übrig bleibt, mag das Wild auf dem Felde
fressen. Ebenso sollst du es halten mit deinem Wein-
berg und deinen Ölbäumen
12 Sechs Tage sollst du deine Arbeit tun; aber am sieben-
ten Tag sollst du feiern, auf dass dein Rind und Esel
ruhen und deiner Sklavin Sohn und der Fremdling sich
erquicken.
13 Alles, was ich euch gesagt habe, das haltet.

Ex 23,10–13

2 Und als David nach Nob zum Priester Ahimelech kam,
entsetzte sich Ahimelech, als er David entgegenging,
und sprach zu ihm: Warum kommst du allein und ist
kein Mann bei dir?
3 David sprach zu dem Priester Ahimelech: Der König hat
mir eine Sache befohlen und sprach zu mir: Niemand
darf auch nur das Geringste von der Sache wissen.
Darum habe ich meine Leute an den und den Ort be-
schieden.
4 Hast du nun etwas bei der Hand, etwa fünf Brote, oder
was sonst vorhanden ist, das gib mir in meine Hand.
5 Der Priester antwortete David: Ich habe kein gewöhn-
liches Brot bei der Hand, sondern nur heiliges Brot.
7 Da gab ihm der Priester von dem heiligen Brot, weil kein
anderes da war als die Schaubrote, die man vor dem
HERRN nur hinwegnimmt, um frisches Brot aufzulegen.

1. Sam 21,2–7

- Kopiert diesen „Schreibtisch des Markus" und markiert in eurer Kopie des Mk-Textes von S. 172 die Worte, die aus den alttestamentlichen Vorlagen stammen könnten.
- Gestaltet aus diesen Texten eine „Talmud-Seite": Welches ist das Problem, das als Stichwort in die Mitte gehört?
  Welche Texte beschreiben das Problem und könnten daher in die Nähe des Stichwortes rücken?
  Lässt sich der Text des Markus als „Lösungs-Geschichte" ansehen – wo müsste sie dann stehen?
- Formuliert eine heutige Geschichte, in der ihr zu der Frage der Achtung des Sonntags so Stellung bezieht, dass es der Geschichte des Markus entspricht, und fügt sie in eure „Talmud-Seite" ein.

Viele meinen: Jesus habe etwas ganz anderes gelehrt, als in den Evangelien steht; die Kirche habe die ursprünglichen Schriften verfälscht und nach ihren Interessen verändert; es gäbe noch mehr als die vier Evangelien, die wir in der Bibel lesen könnten ...

Richtig ist: Die Evangelien sind keine Augenzeugenberichte, sondern aus geschichtlichen Erinnerungen in einem längeren Prozess entstanden. Die Kirche hat bis etwa zum 4. Jahrhundert den sog. „Kanon“ (Richtschnur) festgelegt und damit bestimmt, welche Schriften in die Bibel kamen. Es gibt Schriften, die nicht aufgenommen wurden.

Die Überlieferung der Bibel bis heute

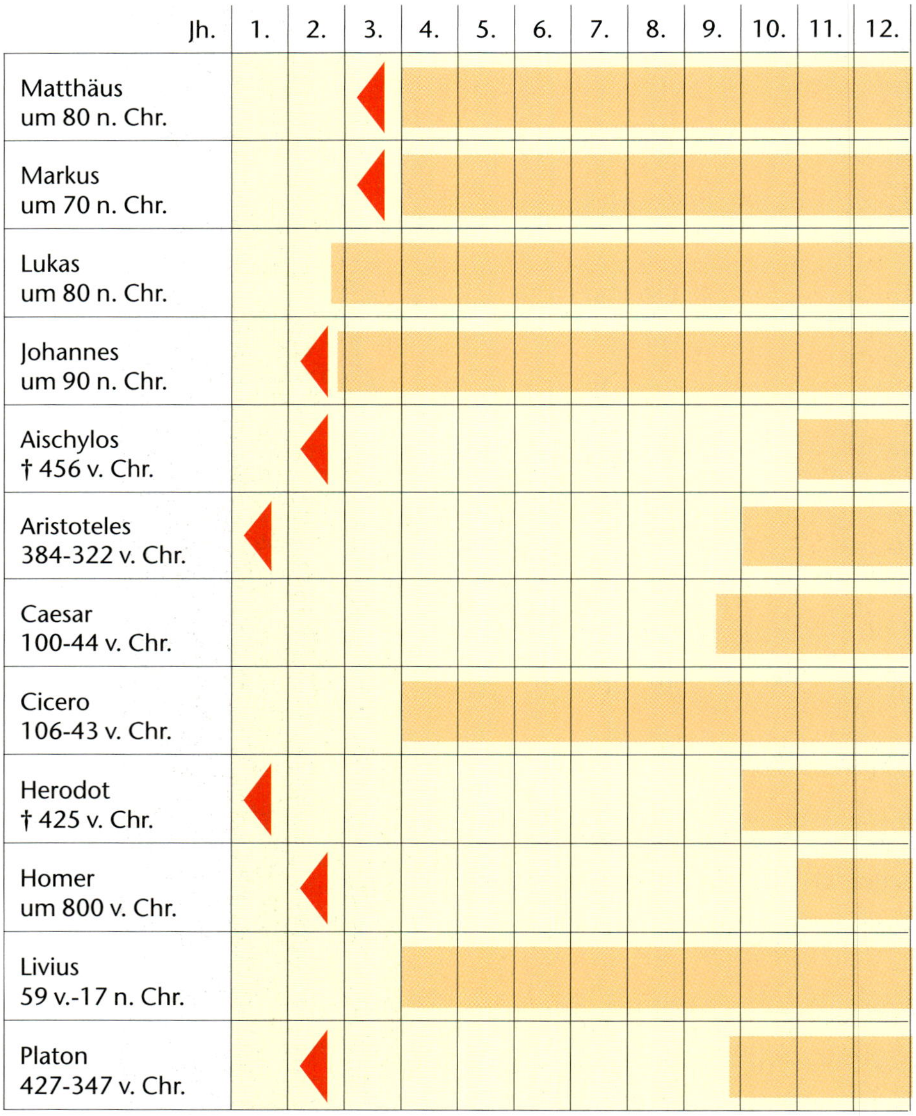

Die Evangelien sind, nachdem sie einmal schriftlich „fertig“ waren, als heilige Texte angesehen worden.
Sie wurden weitgehend unverändert bis in die Gegenwart hinein weitergegeben.
Durch den Vergleich der Handschriften kann man inhaltliche Unterschiede sofort feststellen – doch sie sind fast alle wenig bedeutsam und z. T. durch Abschreibfehler zu erklären.

◀ = älteste Bruchstücke von Schriften der Autoren
▭ = Überlieferung von vollständigen Schriften

- Stellt fest: Bei welcher Schrift ist der zeitliche Abstand von der Entstehungszeit bis zum ersten aufgefundenen Text oder Textfragment (Textbruchstück) am geringsten, wo am größten?
- Wie groß ist dieser zeitliche Abstand bei den Evangelien im Vergleich zu den anderen aufgeführten antiken Texten?

Seit etwa dem 18. Jahrhundert werden die Bibel und die Überlieferung ihrer Texte von den Anfängen bis zur Gegenwart genau untersucht. Dabei sind viele zuverlässige Ergebnisse erbracht worden. Insgesamt kann man festhalten: Die biblischen Erzählungen enthalten beides – Erinnerungen an geschichtliche Fakten ebenso wie Glaubenserfahrungen und religiöse Vorstellungen. Der Apostel Paulus schrieb: „Wir haben den Schatz in irdenen Gefäßen." (2. Kor 4,7) Vergleichbar ist das mit einem Kirchengebäude: Mauern und Steine sind nur das „irdene Gefäß", in dem sich ein unsichtbarer „himmlischer Schatz" befindet: die Ideen, der Glaube der Menschen, die ein solches Bauwerk gestaltet haben.

Blick in den Kölner Dom

Verzeichnis der Text- und Bildquellen:

Die nicht namentlich gezeichneten Texte stammen von den Verfassern des Bandes. Soweit nicht anders vermerkt, sind die zitierten Bibeltexte aus der 1984 revidierten Luther-Bibel entnommen.

Texte:

S. 6: Aus: *Schindler, R.*: Mit Kindern von Gott reden. In: *Dieterich, E./Schenk, G.* (Hrsg): Arbeitsfeld Kinderkirche. Stuttgart: Calwer 1979. S. 96; **S. 28**: *Manz, H.*: Kopfstehen macht stark. Weinheim: Beltz & Gerlberg 1978; **S. 33**: *Kaléko, M.*: Gesucht: ... Aus: *Dies.*: Verse für Zeitgenossen. Reinbek: Rowohlt 1993. S. 67; **S. 34**: *Kaléko, M.*: Jetzt bin ich ... Aus: *Dies.*: Das lyrische Stenogrammheft. Reinbek: Rowohlt 1992. S. 119; **S. 35**: *Kaléko, M.*: Interview ... Aus: *Dies.* 1992, S. 8; **S. 37**: *Kaléko, M.*: In meinen Träumen läutet es Sturm. München: dtv [19]1999. S. 144 - *Hildebrandt, G. (T)/ Janssens, P. (M)*: Wir träumen ...: Aus: Leben wird es geben. Telgte: Janssens 1975; **S. 38**: *Kaléko, M.*: Bleibtreu ... Aus: *Dies.* 1999. S. 136; **S. 39**: *Kaléko, M.*: Überfahrt. Aus: *Dies.* 1993. S.47; **S. 40**: *Kaléko, M.*: Pihi. Aus: *Dies.* 1993. S. 25; **S. 41**: *Kaléko, M.*: Frühlingslied für Zugereiste. Aus: *Dies.*: Hat alles seine zwei Schattenseiten. Berlin: arani [5]1987. S. 8; **S. 42 o**: *Kaléko, M.*: Als ich Europa ... Aus: *Dies.* 1993. S. 18 - **r**: nach: *Buber, M.*: Hundert chassidische Geschichten. Zürich: Manesse 1996. S. 25; **S. 43**: *Kaléko, M.*: Wiedersehen mit Berlin. Aus: *Zoch-Westphal, G.*: Aus den sechs Leben der Mascha Kaléko. Berlin: arani 1988. S. 164; **S. 44**: *Kaléko, M.*: Im Volkston. Aus: *Dies.* 1999. S. 32; **S. 45**: *Kaléko, M.*: Ich träume nicht mehr. Aus: *Dies.* 1999. S. 122 - *Schlaudt, B.*: Du verwandelst ... © beim Autor; **S. 46 o**: *Kaléko, M.*: Gebet. Aus: *Dies.* 1993. S. 11 - **M**: *Zoch-Westphal, G.*: Aus den sechs Leben ... S. 204f.; *Kaléko, M.*: Ein Fremdling ... Aus: *Dies.* 1999. S. 101; **S. 47**: Kaléko, M.: Sozusagen ... Aus: *Dies.* 1999. S. 70; **S. 50**: *Bolliger, M.*: Eine Blume, ... Aus: *Steinwede/Ruprecht*: Vorlesebuch Religion. Lahr: Kaufmann; **S. 54**: *Saint-Exupéry, Antoine de*: Der kleine Prinz. Düsseldorf: Rauch 1956. S. 70-72; **S. 60**: *Brecht, B.*: Leben des Galilei. Aus: werkausgabe edition suhrkamp, Bd. 3. Frankfurt/M.: Suhrkamp 1967. S. 1254ff. (Text leicht gekürzt); **S. 68**: *Mühring, F.*: Brief. Aus: Bremer Kirchenzeitung, 3/1999; **S. 69**: *Jung, R.*: Kleine Hände – Kleine Fäuste. Wien: Jungbrunnen 1983; **S. 73-75**: Brot für die Welt/Luth. Weltbund (Hrsg.): Krieg ist kein Kinderspiel. Übers. v. D. Dilschneider. Stuttgart 1997. S. 28f.; **S. 76-77**: *Burgos, E.*: Rigoberta Menchú – Leben in Guatemala. Göttingen: Lamuv 1994; **S. 94**: Das große Gastmahl. Aus: *Harnisch, W.*: Die Gleichniserzählungen Jesu. Eine hermeneutische Einführung. Göttingen: Vandenhoeck & Ruprecht 1985. S. 241f.; **S. 100**: Text nach: *ika*: Einsatz gegen den „sozialen Tod von Aids-Patienten“. Aus: FR, Dez./1995; **S. 103**: Text nach: *rn*: Angst in der Stadt. Aus: Allgem. Anzeiger Bad Kreuznach, 25. 6. 1999; **S. 110**: *Spieker, I.*: Schenk uns Weisheit ... Aus: EG (Ev. Kirche der Pfalz). Speyer 1994. Nr. 662; **S. 111**: Unser Vater, der ... Aus: *van den Heede, S.*: Bitte, lieber Gott. Neue Kindergebete. Stuttgart: Kreuz 1994. S. 28f.; **S. 114**: BILD-Zeitung, 31. 12. 1998. S. 1; **S. 132-141**: Die Erzählung Katharina von Boras basiert auf: *Sachau, Ursula*: Das letzte Geheimnis. Das Leben und die Zeit der Katharina von Bora. München: Ehrenwirth 1991. Der Text S. 140/141 ist gegenüber dem Original (dort S. 66-68) nur leicht verändert; **S. 147**: *Gurariy, B.*: Meine Barmizwa ... Aus: Allgem. Jüdische Wochenzeitung, 3/2000. S. 9; **S. 149**: *Genin, Salomea*: Scheindl und Salomea. Frankfurt/M.: Fischer 1992. S. 12ff.; **S. 151, 154**: 1. u. 2. Sure. Aus: Der Koran. Übers. v. A. Th. Khoury. Gütersloh: Gütersloher Verlagshaus [2]1992. S. 1; **S. 152**: *Bernhard*: Die Erde bebt ... Aus: *Leclerq, J.*: Bernhard von Clairvaux. Ein Mann prägt seine Zeit. München/Zürich/Wien: Neue Stadt [2]1997. S. 98f.; **S. 153**: *al-Qalanisi, Ibn*: Die Muslime ... Aus: *Milger, P.*: Die Kreuzritter. München: C. Bertelsmann [5]1988. S. 191; **S. 155**: Nuweira. Aus: *Crespi, G.*: Die Araber in Europa. Stuttgart/Zürich: Belser 1992. S. 196; **S. 157**: *Groß, R.*: Am Morgen ... Aus: *Knobloch, H.*: Der beherzte Reviervorsteher. Berlin: Morgenbuch 1990. S. 69.

Bilder:

S. 7: Schüler der Klasse 7a, Schiller-Gymnasium Hameln. 1999; **S. 8**: Mit frdl. Genehmigung des Künstlers; **S. 9**: Europa auf dem Stier, Ende des 2. Jh. Mosaik. Arles, Musee de l'Arles antique; **S. 11**: Relief, um 1323 v. Chr. Kairo, Ägyptisches Museum; **S. 12**: Foto Roger-Viollet, Paris. Aus: *Westendorf, W.*: Das Alte Ägypten. München: Naturalis o. J. S. 142; **S. 13**: *Hoekstra, Hidde* (Hrsg): Die Rembrandt-Bibel, Bd. 5. Neuhausen-Stuttgart: Hänssler 1984. S. 9; **S. 14**: Willem van de Velde II (1633-1707): Ein Schiff auf voller See bei fliegendem Sturm, um 1680. Öl auf Leinwand, 77 x 63,5 cm. Amsterdam, Rijksmuseum; **S. 15**: Aus: *Trobitzsch, J.*: Die deutschen Nordseeinseln. München: Süddt. Verlag 1980. S. 54; **S. 16/17, 20 o, 23, 24 u, 25 o, 29**: Fotos Martin Bertel, Silz/Tirol; **S. 18, 21 u, 24 o**: Aus: *Steiger, I.*: Ivan Steiger sieht die Bibel. Stuttgart: Deutsche Bibelgesellschaft/Katholisches Bibelwerk 1989. S. 253; **S. 19**: Lovis Corinth: Der Apostel Paulus, 1911. Öl auf Leinwand, 120 x 90 cm. Mannheim, Kunsthalle, Foto M. Wickenhäuser; **S. 20 u**: Foto M. Seifert, Hannover; **S. 21 o, 27 o**: Aus: *Musset, Jacques*: Ich entdecke die Welt der Bibel. Neues Testament. Ravensburg: Otto Maier [5]1992. S. 207, 221; **S. 22**: Foto O. Kettenberger, Maria Laach. Aus: *Ders.*: Geheimnisvolle Ordnung. Wuppertal: Kiefel 1977. S. 25; **S. 25 u**: Foto Michael Wolf/plus 49, Hamburg; **S. 26**: *Steinwede, Dietrich*: Paulus aus Tarsus. Lahr/Düsseldorf: Kaufmann/Patmos o. J. S. 29; **S. 27 M**: Paul Klee: hat Kopf, Hand, Fuß und Herz, 1930. Düsseldorf, Kunstsammlung Nordrhein-Westfalen, Foto W. Klein © VG Bild-Kunst, Bonn 2001; **S. 29 M**: Foto Henrik Pohl, Berlin; **S. 31 o**: Foto G. Barone. Aus: *Pucci, E.*: Ganz Rom. Florenz: Bonechi 1968. S. 107 - **M**: Foto Neuwirth/Bavaria, Gauting; **S. 32/33, 41**: Foto U. Bernhart, Langen; **S. 34**: Foto J. Neumann, Berlin; **S. 35, 40, 41, 42**: Deutsches Literatur-Archiv, Marbach; **S. 36, 39 o**: AKG, Berlin; **S. 37**: August Macke: Hutladen an der Promenade, 1914. Köln, Museum Ludwig (Rhein. Bildarchiv, Köln); **S. 39 M**: *Bilinfante, J. C. E./u. a.* (Hrsg.): Charlotte Salomon. Leben oder Theater. Amsterdam: Joods Historisch Museum 1992. S. 139; **S. 43 o**: Amerika Gedenkbibliothek, Berlin - **u**: Landesbildstelle, Berlin; **S. 45 o**: Foto H. Schmitz, Köln; **M**: © Maria Austria, Amsterdam; **S. 47**: Joan Miró: Buchillustration zu: *Miller, Henry*: Das Lächeln am Fuße der Leiter. Reinbek: Rowohlt 1989 © VG Bild-Kunst, Bonn 2001. S. 49; **S. 48**: Foto M. Agliolo/Photo Researches-Focus - **51 u, 63 M**: Computergrafik J. Mair – **63 ul, 64 o**: ESO - **63 ur**: NASA - alle aus: *Bublath Joachim*: Geheimnisse unseres Universums. München: Droemer Knaur 1999. S. 8, 211, 162/163, 166, 172; **S. 49 o, Mr, u**: *Meyer zu Uptrup, K.*: Und Gott sprach. Eine Vergegenwärtigung der Schöpfungsgeschichte der Bibel. Dia 38, 17, 9. © Jünger Verlag, Frankfurt/M. - **Ml**: *Schmeisser, M./ Schwarz, J.* (Hrsg.): Schöpfung. Eschbach: Verlag am Eschbach 1989. Dia 1; **S. 51 o**: Foto M. Berkley, New York/Rowohlt Verlag, Reinbek; **S. 53**: © A. Nitsche, Wuppertal; **S. 54**: Aus: *Saint-Exupéry, A. de*: Der kleine Prinz. (s. Textquellen) S. 71;